시편으로 고백하는 하나님 사랑

시편으로 고백하는

하나님 사랑

조성욱과 함께 히브리어로 시편 읽기

조 성 욱 지음

홍성사.

성경은 히브리어와 헬라어로 기록된 책이어서 누구나 원어로 읽는 것이 쉽지 않습니다. 그리고 원문 뒤에 숨겨져 있는 깊은 뜻을 바르게 이해하는 것은 더욱 어려운 일입니다. 그럼에도 성경의 본뜻을 제대로 해석하려면 원문 이해가 전제되어야 합니다.

바른 신앙은 바른 신학에 기초해야 하고, 바른 신학은 바른 해석이 밑받침되어야 합니다. 그리고 바른 해석은 '원전 연구'가 선행될 때 가능해집니다.

이러한 필요에 부응하는 책을 조성욱 박사가 펴내게 된 것은 매우 뜻 깊은 일이 아닐 수 없습니다. 조성욱 박사는 히브리대학에서 성경학 연구로 박사학위를 받은 학자입니다.

학문은 대단한데 신앙이 없는 신학자들이 있습니다. 신앙 없는 신학자는 결국 교회 문을 가로막고 영혼을 고사시킵니다. 그러나 높은 신앙과 깊은 학문을 겸비한 신학자는 그 수가 많을수록 좋습니다. 조성욱 박사는 후자에 속합니다. 그는 주님과 교회를 사랑하는 뜨거운 열정이 있습니다.

조성욱 박사는 히브리어 구약성경이 다 낡고 해질 때까지 읽고 또 읽었습니다. 그만큼 히브리어에 능통한 학자입니다.

앞으로 계속 역저가 나올 것이지만 이번에 펴내는 《시편으로 고백하는 하나님 사랑》은 시편에 담긴 깊은 뜻을 캐내는 좋은 길잡이가 될 것입니다.

기쁘고 감사한 마음으로 이 책을 추천합니다.

박종순 충신교회 담임목사

■ 일러두기

- 히브리 시편은 제목이 있을 경우 제목 자체가 1절이 되어 우리말 성경과 비교해 볼 때 한 절씩 밀리게 됩니다. 그러나 이 책에서는 우리말 성경의 순서를 따릅니다.
- 히브리어는 오른쪽에서 왼쪽으로 읽습니다.
- 성경 인용은 개역개정판을 기본으로 하되 저자가 사역(私譯)하거나 적용 차원에서 해석한 부분도 있습니다.

이스라엘 유학 시절, 종종 광야가 바라다보이는 노천극장으로 나갔습니다. 유학의 절반 기간은 한국을 생각하면서, 나머지 절반 기간은 미래에 주어질 사역 현장의 나를 생각하면서 광야를 응시하곤 했습니다. 이스라엘 유학 후 영국 생활을 거쳐 현재는 한국의 정원을 거닐고 있습니다. 봄볕을 향해 얼굴을 내미는 백목련, 자목련, 수선화, 튤립, 개나리, 진달래를 보며 행복감을 느끼면서도 메마른 광야가 그리운 까닭은 무엇일까요? 그 광야에 서서 주님께 여쭙고 싶은 것도 많고 주님의 따스한 음성도 듣고 싶기 때문입니다. 특히 모든 것이 순조로워 보일 때 더더욱 광야로 나가 한계와 소망을 동시에 느껴 보고 싶습니다.

히브리대학에 막 입학하여 지도교수이신 모세 바인펠트의 신명기 강의 때 알아들은 히브리어 단어는 두 개에 불과했습니다. 샬롬שׁלום과 예루샬라임ירושׁלם. 그때의 절망감은 이루 말할 수 없었습니다. 하지만 18년이 지난 지금 히브리어로 성경을 비교적 쉽게 읽을 수 있게 되었습니다. 이 글을 대하시는 분들도 시간이 지날수록 저와 같이 히브리어로 성경을 읽게 되시기를 바랍니다. 왕도는 없습니다. 하루하루 히브리어를 가깝게, 자주 대하는 것 외에는 다른 방법이 없습니다.

정원 한구석에 감자를 심었습니다. 겨우내 썩혀 두었던 텃밭에 싹이 막 튼 묵은 감자를 심은 것입니다. 언제 잎이 보이려나? 방금 심었는데도 추수를 기대하게 되는 성급함이 하늘 아버지의 느긋함과 대조가 됩니다. 성경의 광맥을 캐는 광부로서 에녹이라는 가명을 가진 무명의 사람, 아호로 퇴비 혹은 거름이라고 불리고 싶은 사람이 신앙의 선배님들이 두엄 되어 주신 조국 교회 토양에 《시편으로 고백하는 하나님 사랑》이라는 작은 씨앗 하나를 뿌립니다. 이국 땅에서 묵상한 시편 1편에서 41편을 묶어 낸 이 책이 주님의 아름다우심을 조금이나마 반영하면 좋겠습니다.

이 지면을 빌려 충심으로 감사를 드려야 할 분들이 있습니다. 내게 마지막 유언으로 신학의 길을 대신 가 주기 바랐던 동생, 파출부로 수금 사원으로 생계를 유지하시고 돌아가실 때는 시신을 병원에 기증하면서 거름 되어 주신 어머니, 17년간 고국 떠나 타지 생활하는 아들을 위해 기도하며 인내로 기다려 주신 아버지. 유학 내내 장학금을 보내 주신 충신교회, 목회가 무엇인지 사람 키우는 것이 무엇인지 몸소 모범을 보여 주셨던 영적 아버지요 멘토가 되어 주신 박종순 목사님, 신대원 시절 구약을 가르쳐 주시면서 줄곧 "나의 제자가 되지 말고 예수의 제자가 되라"고 말씀하신 장로회신학대학교 총장 김중은 목사님, 평생 시편을 연구하시고 '다윗과 시편 연구소'davidnpsalms.org에 글을 기고케 해 주신 장영일 교수님. 히브리어 성경의 세계로 인도해 주신 히브리대학의 모세 바인펠트, 모세 그린버그, 아비 후르비츠, 메나헴 하란, 임마누엘 톱, 제이콥 밀그롬 교수님. 또한 설익은 풋과일 같은 글을 다듬느라 수고하신 홍성사 편집부에 감사를 드립니다. 유대인들은 초태생과 첫 열매를 주님께 드립니다. 저도 이 책을 주님께 첫 열매로 올려 드립니다.

주 하나님이시여 제가 누구이며 종의 가정은 무엇이기에 이곳까지 이르게 하셨나이까? מִי אָנֹכִי אֲדֹנָי יְהוִה וּמִי בֵיתִי כִּי הֲבִיאֹתַנִי עַד־הֲלֹם(미 아노키 아도나이 하솀* 우 미 베이티 키 하비오타니 아드 할롬, 삼하 7:18).

조성욱

---

* '아도나이 하솀'יְהוִה אֲדֹנָי과 같이 여호와 이름이 두 번 반복될 때는 두 번째 이름을 '그 이름'이라는 뜻의 '하솀'이라고 읽습니다.

복 있는 사람

시편 1편

복 있는 사람은 악인들의 꾀를 따르지 아니하며 죄인들의 길에 서지 아니하며
오만한 자들의 자리에 앉지 아니하고 오직 여호와의 율법을 즐거워하여 그의
율법을 주야로 묵상하는도다 (1-2절).

이스라엘 하이파대학의 성경학과 교수인 이쯔학 아비슈르는 시편 1편 안에 인생의 근본적인 세 가지 질문이 담겨 있다고 말합니다.

어디로 가고 있는가?

어디에 서 있는가?

늘 함께 있는 사람은 누구인가?

'어디로 가고 있는가?'는 행동이나 삶에 대한 질문과 관계됩니다.

1절은 행복한 사람이 되는 첫 번째 비결을 악인의 꾀를 좇지 않는 데 있다고 밝힙니다. 본문에서 말하는 '악인'은 누구이며 '꾀'의 의미는 무엇일까요? 히브리어에서 악을 뜻하는 라아 רַע는 '재앙, 해'란 단

어와 동일하게 사용됩니다(예를 들어, 시편 23편 4절은 '해'를 두려워하지 않으리라고 번역합니다). 성경에서 악인을 대표하는 인물로 소돔 왕 베라בֶּרַע를 들 수 있는데, 이 이름의 의미는 '악과 함께 있으니 재앙을 자초한다'입니다(창 14:2). 시편 1편에서 '악인'의 의미로 사용된 히브리어는 악에 힘이 실린 상태를 의미하는 단어 라샤רָשָׁע의 복수 형태 레샤임רְשָׁעִים을 사용하고 있습니다. 이를 대표하는 인물은 고모라의 왕 비르샤בִּרְשַׁע입니다. 또한 '꾀'라고 번역된 히브리어 에짜עֵצָה의 의미는 '권고, 조언, 상담'입니다.

이처럼 시편에서는 우리가 하나님 앞에서 살고자 한다면 악인의 권고나 조언을 따라서는 안 된다는 것을 제일 먼저 강조하고 있습니다. 시편 전체의 첫 편을 악인의 꾀에 빠지지 말라고 강조해 말하는 이유는 아마도 첫 인간을 타락케 한 뱀의 유혹을 염두에 둔 것 같습니다.

'어디에 서 있는가?'는 우리의 정체성에 관한 질문입니다. 본문에서는 죄인의 길에 서지 말라고 하는데 여기서 사용하는 히브리어 하타임חַטָּאִים은 종교적인 죄악을 의미합니다. 하타임의 원래 의미는 '옳은 길에서 벗어나 넘어진 상태, 주어진 법을 위반한 자'입니다.

유대인 회당마다 기도하는 단상 앞에 이런 글이 쓰여 있습니다.

"지금 어디에 서 있는지를 기억하라."

'늘 함께 있는 사람이 누구인가?'는 우리의 거주지에 관한 질문입니다. 본문에서는 오만한 자의 자리에 앉지 말라고 번역되어 있는데 오만한 자를 뜻하는 히브리어 레찜לֵצִים의 의미는 '모호하게 말하면서 남을 헐뜯는 조소자'입니다.

‘복 있는 사람’으로 번역된 ‘아슈레이 하 이쉬’אַשְׁרֵי־הָאִישׁ에서 아슈레이אַשְׁרֵי는 ‘행복, 복됨’이라는 뜻의 복수 명사입니다. 동사 ‘아샤르’는 ‘행복을 알려라, 복되다고 부르라’이며 야곱의 아들 아셀이 바로 이 뜻입니다.

1절에서 복 있는 사람이 되려면 가고 서고 앉는 문제에 조심하라는 교훈을 준 것에 이어서 2절에서는 하나님의 말씀을 기쁨으로 삼아 주야로 묵상하라고 권면하고 있습니다. ‘율법’이라고 번역된 히브리어 토라תּוֹרָה는 ‘법, 훈계, 구체적 규례, 길 안내를 받는 것’이라는 뜻이 있습니다. 토라는 모리아 산과 어원적으로 같은 원형 야라יָרָה를 사용하는데 ‘야라’는 ‘길을 안내하다, 과녁을 향해 활을 쏘다’의 의미입니다. ‘묵상하다’로 쓰인 예흐게יֶהְגֶּה는 ‘생각하다, 소리를 내다, 말하다, 표현하다’의 뜻으로도 해석될 수 있습니다.

하나님의 말씀인 토라를 가진 인생은 하나님의 인도하심을 받아 모리아 산으로 향하여 나아가는 아브라함과 같습니다. 우리는 그 결과를 잘 알고 있습니다. 하나님의 말씀에 의지해 사는 인생은 아브라함이 경험한 것처럼 과정은 어렵고 괴로울 수 있어도 결과는 아름답습니다. 그 모습을 시편 기자는 시냇가에 심은 나무와 같다고 말합니다. 하나님의 말씀은 풍성한 열매를 가능케 해 주는 물과 같습니다. 주의 말씀은 곤란 중에 위로가 되시며 위경에 처해 있을 때 우리를 치료하는 약이 됩니다.

“이 말씀은 나의 고난 중의 위로라 주의 말씀이 나를 살리셨기 때문이니이다”(시 119:50).

행복한 인생이 되기를 원한다면 다음의 질문에 대답할 수 있어야 합니다.

어디로 가고 계십니까?

어디에 머물러 있습니까?

누구와 동행하십니까?

여호와의 율법을 즐거워하여

בְּתוֹרַת יְהוָה חֶפְצוֹ(베토랏 아도나이* 헤프쪼, 시 1:2).

• 유대인들이 하나님을 읽는 방식은 다양하나 다음 일곱 가지가 주로 쓰입니다.
  1. 여호와יהוה(예흐바)를 '아도나이'라고 읽습니다. '주인, 주관자'를 의미하는 '아돈'에 소유격 1격을 붙여 '아도나이' 즉 '나의 주인, 나를 주관하시는 분'이라는 뜻입니다.
  2. '카도쉬 바룩 하후' 혹은 앞 글자들만 따서 '카바흐'라고 읽으며 뜻은 '그분은 거룩하시며 복되시도다'입니다.
  3. '하쉠', 즉 '그 이름'을 의미합니다.
  4. 엘로힘.
  5. 엘.
  6. 유대 광야의 공동체인 쿰란 사람들은 하나님의 이름이 나올 때마다 네 글자를 빈 공간으로 놔두었습니다.
  7. 네 개의 점으로 표시하기도 했습니다.

 시편으로 고백하는 하나님 사랑

매듭을 풀려면

시편 2편

우리가 그들의 맨 것을 끊고 그의 결박을 벗어 버리자 하는도다 (3절).

에덴을 상실한 인간에게 하나님의 형벌은 묶임과 매임의 형태로 주어졌습니다. "땅이 있을 동안에는 심음과 거둠과 추위와 더위와 여름과 겨울과 낮과 밤이 쉬지 아니하리라"(창 8:22). 인생은 땅의 수고에 묶이게 되었고 추위와 더위에 매이는 존재가 되었습니다. 생육하고 번성하여 땅에 충만하여야 할 인간이(창 1:28) 하나님의 근심 덩어리가 된(창 6:6) 것입니다.

3절의 '맨 것'에 해당하는 히브리어 모쓰롯테이모מוֹסְרוֹתֵימוֹ는 '끈으로 묶다, 감옥에 가두다'라는 뜻의 히브리어 원형 '아싸르'אָסַר에서 나온 명사형입니다. 예를 들어, 사사기 16장 11절에서 삼손은 이렇게 말합니다. "만일 새 밧줄들로 나를 결박하면" אָסוֹר יַאַסְרוּנִי בַּעֲבֹתִים חֲדָשִׁים(아쏘르
야아쓰루니 바아보팀 하다쉼). 또한 3절 하반절에서 '결박'(묶은 줄)이라고 번
역한 히브리어 아봇테이모עֲבֹתֵימוֹ는 '꽈서 만든 줄'을 의미합니다.

인생을 묶고 결박시켜 놓는 끈은 한마디로 우리의 한계입니다. 그
한계는 인간이 하나님의 명령을 어겼기에 생겨난 것입니다. 실낙원 인
생들은 인간이 가진 한계의 매듭을 풀어 보려고 창조주를 향하여 분을
발하고 스스로 해법을 찾아 발버둥을 쳐 보지만 엉킨 실타래는 더욱
꼬일 뿐입니다.

본문에서 이러한 태도는 하나님이 묶어 놓으신 인생의 근본 문제를
풀 수 없다고 말합니다. 시인이 제시하는 해결책은 다음과 같습니다.

시온에 세우신 왕(메시아)을 바라보라(6절).

땅의 지혜를 포기하고 하늘의 지혜를 구하라(10절).

하나님을 경외함으로 예배하라(11절).

지구촌 몸살에 처방전이 주어졌습니다. 그것은 하나님이 세우신, 시
온을 다스리시는 왕 메시아입니다. 예수는 하나님의 아들로서 우주적
권세를 가지신 분입니다. 에덴을 떠나는 아담과 하와에게 하나님께서
친히 입혀 주신 가죽 옷은 본문에서 하나님이 친히 세우신 법인 예수
그리스도이십니다. 오직 예수만이 결박을 푸는 해법입니다. 마틴 루
터 킹이 외쳤던 것처럼 "나 자유 얻었네"의 선언은 영원한 생명이요
진리이신 예수 그리스도 안에서만 가능합니다(요 8:32).

랍비 나흐만의 책인 《빈 의자》에 이런 내용이 있습니다.

"하나님

저 너무 행복해요"라고 말씀드리면

"사랑하는 자녀야

너 그것 가지고 행복하다고 감탄하니

내가 너에게 정말 행복한 것이 무엇인지 보여 줄게."

불평하면

"너 그것 가지고 불평하니

내가 너에게 불평할 것이 무엇인지 보여 줄까?"

주님 안에 피난처를 둔 사람은 모두 행복합니다

אַשְׁרֵי כָּל־חוֹסֵי בוֹ (아슈레이 콜 호쎄이 보, 시 2:12).

믿음의 신뢰

시편 3편

천만인이 나를 에워싸 진 친다 하여도 나는 두려워하지 아니하리이다 (6절).

시편 3편의 제목은 '다윗이 압살롬을 피해 급히 도망할 때 지은 시'입니다. 아들이 아버지를 죽이려고 쫓아오는 기가 막힌 상황에서 다윗은 아들과 맞서 싸우기보다는 도망하는 편을 택합니다(삼하 15장). 아버지의 권위가 무너진 사회, 가정 윤리가 무너진 상황은 아버지 야곱의 침상을 더럽힌 맏아들 르우벤의 교만에서도 잘 나타납니다(창 35:22). 윤리 부재의 권력욕은 부자지간의 천륜마저 짓밟는 힘이 있습니다. 어떻게 이러한 상황을 극복할 수 있을까요? 다윗의 시를 통해 배워 보겠습니다.

첫째, "당신은 하나님이십니다" יְהוָה אַתָּה (아타 아도나이, 3절).

다윗은 하나님을 2인칭으로 부르고 있습니다. 유대인 신학자요 철학자인 마틴 부버가 쓴 책 《나와 너》의 제목처럼 내가 섬기는 하나님은 3인칭 그분이 아니라 바로 2인칭의 당신이란 점을 강조하고 있습니다.

둘째, 당신은 "나의 방패이십니다" מָגֵן בַּעֲדִי(마겐 바아디, 3절).

히브리어 '마겐'의 뜻은 전쟁할 때 사용하는 방패입니다. '바아디'의 의미는 '나를 위하여'입니다. 적이 쏘아 대는 화살을 방패로 막아 주시는 주님이시라는 점을 강조하고 있습니다.

셋째, 당신은 "나의 영광이시요 나의 머리를 들어 주시는 분입니다" כְּבוֹדִי וּמֵרִים רֹאשִׁי(케보디 우 메림 로쉬, 3절).

다윗은 아들에게 쫓겨 바후림 언덕을 넘을 때 쫓아오며 저주를 퍼붓는 시므이의 악담을 묵묵히 견뎌 냈습니다. 하나님의 회복의 때를 믿었기 때문입니다. 다윗은 이렇게 말합니다. "그가 저주하게 버려 두라. 혹시 여호와께서 나의 원통함을 감찰하시리니 오늘 그 저주 때문에 여호와께서 선으로 내게 갚아 주시리라"(삼하 16:11-12).

넷째, "나의 목소리로 여호와께 부르짖습니다" קוֹלִי אֶל־יְהוָה אֶקְרָא(콜리 엘 아도나이 에크라, 4절).

중요한 것은 내 목소리로 기도하는 것입니다. 기도하되 부르짖어 기도하는 것입니다. 내 목소리로 나의 사정을 자세하게 말씀드리는 것을 의미합니다.

다섯째, "내가 누워 자고 깨었으니 여호와께서 나를 붙드시기 때문입니다" אֲנִי שָׁכַבְתִּי וָאִישָׁנָה הֱקִיצוֹתִי כִּי יְהוָה יִסְמְכֵנִי(아니 샤카브티 바이샤나 헤키쪼티

키 아도나이 이쓰메케니, 5절).

적이 화살을 쏘아 대는 전쟁의 치열함 가운데 시인은 하나님을 신뢰함으로 편안히 쉬고 있습니다.

5절의 마지막 부분인 '이쓰메케니' יִסְמְכֵנִי 의 의미는 '하나님께서 나를 붙들어 주시고 지지하며 도와주신다'입니다. 로뎀 나무 그늘 아래 엘리야처럼 피곤에 지쳐 쓰러져 자는 하나님의 사람들에게 천사를 보내 어루만지며 위로하시는 주님을 찬양합니다(왕상 19:5-7).

기가 막힌 어려움에 처할 때 다윗처럼 주님의 성호를 외칩시다.

구원은 여호와께 לַיהוָה הַיְשׁוּעָה (라아도나이 하예슈아, 시 3:8).

들어 주소서
시편 4편

……내가 그를 부를 때에 여호와께서 들으시리로다 (3절).

시편 4편은 악기를 연주하며 드리는 다윗의 노래입니다. 악기가 복수로 되어 있는 것으로 보아 오케스트라의 연주인 것 같습니다. 곡명은 '나의 기도를 들어 주소서'שְׁמַע תְּפִלָּתִי(슈마 트필라티, 1절)입니다.

고난당할 때 잊지 말아야 할 점은 내가 직접 기도해야 한다는 것입니다.

본문 1절에는 기도에서 중요한 세 단어가 나타납니다.

'나의 부르짖음을'קָרְאִי(코르이).

'통촉하소서'חָנֵּנִי(하네니, 개역개정 성경은 '내게 은혜를 베푸사'로 번역).

'들어 주소서'שְׁמַע(슈마).

3절에서 시인은 주님께서 들으실 것이라고 굳게 믿고 있습니다. "들으시리로다" יִשְׁמַע(이슈마).

이스라엘에 있을 때 '절대 재기하지 못할 거야'라며 나의 처지를 비웃던 소리가 있었습니다. 경제적 곤궁, 외로움, 첩첩산중 속에 차곡차곡 쌓여 있는 시련의 계곡들, 도저히 받을 수 없을 것만 같았던 박사학위! 어려울 때마다 광야로 나갔습니다. 그러고는 하염없이 광야에 계셨던 예수님을 회상하며 주님의 이름을 불렀습니다. 오랜 시간이 지난 지금, 돌이켜 보니 주님은 외로웠던 나와 함께하셨습니다. 멋진 승리의 손을 들어 주셨고 머리를 다시 들게 해 주셨습니다.

고난 중에 계십니까?
주님께 기도하십시오.

여호와를 의지할지어다 בִּטְחוּ אֶל־יְהוָה(비트후 엘 아도나이, 시 4:5).

기도의 은혜

시편 5편

여호와여 나의 말에 귀를 기울이사 나의 심정을 헤아려 주소서 나의 왕 나의
하나님이여 내가 부르짖는 소리를 들으소서 내가 주께 기도하나이다 여호와여
아침에 주께서 나의 소리를 들으시리니 아침에 내가 주께 기도하고 바라리이다
……오직 나는 주의 풍성한 사랑을 힘입어 주의 집에 들어가 주를 경외함으로
성전을 향하여 예배하리이다 (1-3, 7절).

고등학교 시절

보충수업을 마치고

교회에 가서 기도를 드렸습니다.

밤늦은 시각 아무도 없는 교회 안이었지만

무서움을 이겨 내며 주님께 기도드렸습니다.

기도를 계속하던 어느 날

주님의 음성을 듣게 되었습니다.

곁에서 제 이름을 부르시던 주님 때문에

소아마비에서 자유케 되는 기쁨을 누리게 되었습니다.

본문 1-2절에서 시인은 왕이신 하나님께 다음과 같이 기도를 드리고 있습니다.

"나의 말에 귀를 기울이소서"אֲמָרַי(아마라이).

시인이 직접 입을 열어 하나님께 응답을 구하고 있는 것입니다. 우리의 입술을 열어 직접 말씀드리는 것이 중요합니다.

"마음의 묵상을 헤아려 주소서"הֲגִיגִי(하기기).

비록 입술을 움직여 말씀드리지 않더라도 심중 깊은 곳에서 신음하는 소리를 들어 달라는 간청을 드리고 있습니다. 우리의 심사를 통촉해 달라는 말이 있듯이 하나님 앞에서 침묵하더라도 심중의 깊은 소리를 들으시는 하나님으로 인해 기도할 수 있습니다.

"부르짖는 소리를 들으소서"שַׁוְעִי(샤브이).

히브리어로 부르짖는다는 뜻의 다른 표현은 짜아카צְעָקָה입니다. '짜아카'는 큰 소리로 부르짖는 기도인 반면에 '샤브이'는 울며 드리는 기도입니다.

하루 24시간 기도가 소중하지만 3절은 아침 기도를 강조합니다.

"아침에 주 앞에 나아가 모든 간구를 진열해 놓겠습니다"(여기서 쓰인 히브리어 '에에락 레카'אֶעֱרָךְ־לְךָ는 아침상을 차리듯이 기도의 제목들을 주 앞에 차례로 늘어놓겠다는 의미이며 개역개정은 "기도하고 바라리이다"로 번역하고 있습니다).

우리가 기도할 수 있는 것은 꾸짖지 않으시고 오히려 부드럽게 우리를 받아 주시는 하나님의 인자하심 때문입니다.

"주님의 풍부한 인자를 힘입어"בְּרֹב חַסְדְּךָ(베롭 하쓰데카, 7절).

기도할 때 장소도 중요합니다. 집에서, 길에서 기도할 수도 있지만 시인은 주님의 집인 거룩한 장소로 나아가라고 권면합니다.

"주님의 거룩한 성소로" אֶל־הֵיכַל־קָדְשְׁךָ(엘 헤칼 코드쉐카, 7절).

기도의 자세도 중요합니다. 하나님을 경외하는 마음으로 엎드려 경배하십시오. 기도에서 중요한 두 가지 자세는 경외함과 엎드림입니다.

"주님을 경외함으로" בְּיִרְאָתֶךָ(베이르아테카, 7절).

기도한 후에는 응답을 기대해야 합니다. 우리는 기도한 뒤 그냥 잊어버리는 경우가 종종 있지만 시인은 응답을 기대합니다. 시인이 3절 '바라리이다'에서 사용한 히브리어 아짜페 אֲצַפֶּה는 기대감을 가지고 바라본다는 뜻입니다. 주님만이 나의 문제를 해결하실 수 있는 전능하신 분이십니다.

인자하신 하나님께 경외함으로 기도하셨습니까?
그렇다면 기대하십시오. 주님의 응답은 이미 주어졌습니다.

여호와께서 영원무궁하도록 다스리시도다

יְהוָה יִמְלֹךְ לְעֹלָם וָעֶד(아도나이 임록 레올람 바에드, 출 15:18).

기다림

시편 6편

여호와여 주의 분노로 나를 책망하지 마시오며 주의 진노로 나를 징계하지 마옵소서 여호와여 내가 수척하였사오니 내게 은혜를 베푸소서 여호와여 나의 뼈가 떨리오니 나를 고치소서 나의 영혼도 매우 떨리나이다 여호와여 어느 때까지니이까 (1-3절).

기다림에 서성거린 적이 있나요?

기다림 때문에 목이 길어져 본 적은?

돌아올 자식 때문에 기다리는 부모

철커덩 닫힌 철문을 뒤로하고 아들 나올 때만을 기다리는 노모

떠나 버린 부모 기다리는 어린아이

기다림을 모유 삼아 이미 커져 버린 청년

하나님을 향하여

"언제까지죠?"

인생의 험로를 헤쳐 나가야만 하는 촌로들도
사회적 불의 앞에 몸과 마음 불사르며 투쟁하는 청년 학도도
이게 아닌데 느껴도 몸이 따라 주지 않는 지식인도
병원에서 도저히 치료될 것 같지 않은 몸을 갖고
창문 너머 앙상한 가지라도 붙들고 싶은 심정으로
회복되어 마당을 뛰놀 날을 기다리는 어린 소녀도
하늘 아버지를 향해 묻고 싶은 한 가지
"언제죠?"

일전에 이스라엘에 이런 일이 있었습니다. 갈릴리 출신 한 종교인이 허겁지겁 예루살렘 통곡의 벽에 당도하여 다음과 같은 항의의 글을 남겼습니다.

주님 정말 이 세상에 안 오실 겁니까?
우리가 이토록 기다려 왔는데
언제입니까?
정 마음이 없으시면
하늘 회의에 주님을 고소하겠습니다.

참으로 웃지 못할 광적인 에피소드이지만 그의 간절함은 이해가 됩니다.

시편 6편은 시인의 바로 이런 심정을 잘 나타내 줍니다.

'계속 때리실 때' תְיַסְּרֵנִי (테야쓰레니, 1절)

'비참함을 느낄 때' אֻמְלַל אָנִי (움랄 아니, 2절)

'병들어 온몸이 쑤시고 아플 때' נִבְהֲלוּ עֲצָמָי (니브할루 아짜마이, 2절)

드리고 싶은 간청 한마디

"언제죠?"

주께서 구원해 주실 그날,

회복의 빛줄기가 비출 그때를 바라며

하염없이 흘러내리는 눈물로 베개가 젖고

침상까지 흥건해질 때 드리고 싶은 한마디.

"언제죠?"

언제죠? עַד־מָתָי (아드 마타이, 시 6:3).

내 하나님

시편 7편

여호와 내 하나님이여 내가 주께 피하오니 나를 쫓아오는 모든 자들에게서 나를 구원하여 내소서 건져 낼 자가 없으면 그들이 사자같이 나를 찢고 뜯을까 하나이다 (1-2절).

신학대학원 재학 시절, 교수님이 강의 중 이런 말씀을 하셨습니다. 유학을 꿈꾸는 사람들은 적어도 다음의 세 가지 조건 중 하나는 갖추어야 한다고.

머리가 좋거나,

돈이 많거나,

건강하거나.

가난한 신학생이었고 머리도 그리 좋지 못하였고 안질을 너무 오래 앓아 공부에 상당히 불편을 느끼던 시절의 나였기에 그 말에 얼마나 좌절되었는지 모릅니다. 하지만 시간이 날 때마다 김포공항 가는 버스를 타고는 하늘을 시원스럽게 넘나드는 비행기를 보면서 주님께 기도했습니다. '주님 저 비행기 타고 유학 가게 해 주세요!' 주님은 참으로 성실하게 나의 어리석은 기도마저 응답해 주셨습니다.

지난 17년 동안 다녀온 나라와 도시만 헤아려도 수십을 넘나듭니다. 영국 내부는 물론 독일의 함부르크·프랑크푸르트·마인츠, 프랑스의 파리, 스페인의 바르셀로나, 헝가리의 부다페스트, 스위스의 루체른, 오스트리아의 비엔나, 룩셈부르크, 노르웨이의 오슬로·베르겐, 이스라엘, 요르단, 이집트, 폴란드, 호주, 중국…….

시편 7편은 여호와 하나님을 '내 하나님' יְהוָה אֱלֹהַי(아도나이 엘로하이, 1절)이라고 부르면서 시작합니다.

불신자의 빈정거림을 들을 때, 무고히 나를 짓밟는 사람들에게 둘러싸여 있을 때, 사자같이 잔혹하게 나를 공격하려는 사탄의 발톱 앞에서, 원수가 나를 매장시키려 파 놓은 웅덩이를 앞에 둔 위기 상황일지라도, 다윗처럼 "하나님이여 나를 위하여 일어나소서!"라고 힘차게 외칠 수 있다는 사실이 얼마나 위로가 되는지요?

다윗은 하나님을 다음과 같이 고백합니다.

"마음이 바른 자를 구원하시는 분" מוֹשִׁיעַ יִשְׁרֵי־לֵב(모쉬아 이슈레이 렙, 10절),

"의로운 재판관" אֱלֹהִים שׁוֹפֵט צַדִּיק(엘로힘 쇼페트 짜딕, 11절),

"진노하시는 하나님" אֵל זֹעֵם(엘 조엠, 11절),

"지극히 높으신 하나님" יְהוָה עֶלְיוֹן(아도나이 엘리욘, 17절).

 시편으로 고백하는 하나님 사랑

랍비 쿠쉬너는 이렇게 말했습니다.

"우리는 의로운 하나님과 자비로운 하나님 사이에 놓인 존재이다."

그렇습니다. 하나님께 사랑도 있지만 공의도 있음을 잊어서는 안 됩니다. 용서와 치유의 메시지는 넘쳐나도 회개 촉구 메시지는 사라져 가는 때에 시편 7편은 우리 영혼의 균형을 잡아 줍니다.

나는 주님의 의로우신 판결에 감사하며 지극히 높으신 주님의 이름을 송축합니다 אוֹדֶה יְהוָה כְּצִדְקוֹ וַאֲזַמְּרָה שֵׁם־יְהוָה עֶלְיוֹן(오데 아도나이 케찌드코 바아자므라 쉠 아도나이 엘리온, 시 7:17).

아름다운 주님의 이름

시편 8편

여호와 우리 주여 주의 이름이 온 땅에 어찌 그리 아름다운지요 주의 영광이
하늘을 덮었나이다 (1절).

바알에게 무릎 꿇지 않고

추한 명예욕에 굴복지 않으며

사람의 심장을 감찰하시는 하나님 앞에서

이 시대를 위하여 일어나

나와 역사를 새롭게 해 달라고

간구하는 아침 되게 하소서.

예수의 정신과 마음이 우리 가운데 머물게 하소서.

시편 중 창조주를 찬양하는 시는 8편 외에도 19편, 104편, 148편이

있습니다. 시편 8편의 제목은 '다윗의 노래, 깃딤에 맞추어 지휘자의 지휘를 따라 부르는 노래'입니다. '깃딤'은 포도송이를 발로 밟아 포도즙을 짜는 축제를 의미하며 겟세마네 동산의 '겟'도 깃딤과 어원적으로 연관이 있습니다. 시인은 인생에게 향하신 하나님의 인자하심에 한없이 감격하면서 이렇게 고백합니다.

"사람이 무엇이기에 주께서 그를 생각하시며 인자가 무엇이기에 주께서 그를 돌보시나이까?"מָה־אֱנוֹשׁ כִּי־תִזְכְּרֶנּוּ וּבֶן־אָדָם כִּי תִפְקְדֶנּוּ(마 에노쉬 키 티즈케레누 우 벤 아담 키 티프케데누, 4절).

여기서 사람을 뜻하는 두 단어 '에노쉬'와 '아담'이 사용됩니다. 인류의 첫 조상인 아담과 그의 손자인 에노쉬(우리말 성경은 '에노스'로 표기) 둘 다 사람이라는 의미입니다. '주께서 그를 기억하시며'(티즈케레누)와 '그를 방문하셔서 도우신다'(티프케데누)가 서로 병행을 이루고 있습니다. 히브리어로 남자를 자카르זָכָר(창 1:27)라 부르는데, 의미는 '기억'과 관련되어 있습니다. 또한 히브리어에서 '방문, 권고'의 의미로 사용하는 파카드פָּקַד가 본문에서 사용됩니다. 우리 인생도 그렇지 않습니까? 하나님께서 기억해 주시고 친히 방문해 주셔서 권고하셔야만 행복할 수 있습니다.

포도를 생산하는 과정을 생각해 봅니다. 열매가 저절로 맺어지는 법은 결코 없습니다. 익숙한 손이 되기까지 농부의 손은 먹물로 얼룩졌겠죠? 포도의 생산을 막는 많은 벌레들, 기후의 변화, 가뭄 등의 여러 악조건들을 넘어서 마침내 열매를 맺습니다. 참 아름다운 일입니다.

하지만 성경은 이렇게 말씀합니다.

"또 두렵건대 네가 마음에 이르기를 내 능과 내 손의 힘으로 내가 이 재물을 얻었다 할까 하노라 네 하나님 여호와를 기억하라 그가 네게 재물 얻을 능을 주셨음이라……"(신 8:17-18, 개역한글).

시인은 그 열매를 가능케 하신 하나님을 생각하며 그분을 노래하고 있습니다.

우리 인생의 뒤안길을 뒤적거리다 보면 그분의 손길을 선명하게 느낄 수 있습니다. 그때마다 우리는 본문의 시인처럼 주님의 아름다우심과 은혜로우심을 찬양해야 합니다.

여호와 우리 주여 주의 이름이 온 땅에 어찌 그리 아름다운지요

יְהוָה אֲדֹנֵינוּ מָה־אַדִּיר שִׁמְךָ בְּכָל־הָאָרֶץ(아도나이 아도네이누 마 아디르 쉼카 베콜 하아레쯔, 시 8:9).

주께 감사하세

시편 9편

여호와여 내게 은혜를 베푸소서 나를 사망의 문에서 일으키시는 주여 나를 미
워하는 자에게서 받는 나의 고통을 보소서 (13절).

제목은 '다윗의 노래, 알뭇 라벤에 맞추어 지휘자의 지휘에 따라 부르는 노래'입니다. '알뭇 라벤'עַלְמוּת לַבֵּן이 무슨 뜻인지는 학자들 간에 논란이 있지만 설득력 있는 해석 하나는 이렇습니다. 알뭇עַלְמוּת עַל이란 단어를 분리시키면 '죽음에 관하여'란 뜻이 되고 라벤לַבֵּן은 '아들'이란 뜻입니다. 즉, 아들이 죽었을 때 부르는 시일 가능성이 있다는 것입니다. 다윗 개인과 관련된 시라면 밧세바와 불륜의 관계에서 낳은 첫 아들이 죽었을 때, 아니면 다윗의 아들들 간의 피의 보복으로 압살롬이 암논을 죽였을 때, 혹은 압살롬이 아버지 다윗을 반역하여 왕이 된 후 얼마 못 가 요압 장군에게 죽임을 당했을 때일 수 있습니다.

시편 9편이 이스라엘 역사와 관련되었을 수도 있기에 이 시의 시대적 정황을 본문에서 추측해 볼 수 있습니다.

시인은 적의 침공으로 비참한 처지에 놓여 있습니다. 적의 봉쇄는 성내에 기근과 혼란을 가져오고 이로 인해 아들딸이 굶어 죽었을 수 있습니다. 이런 상황에서 시인은 하나님이 어떤 분이신지 기억하며 도우심을 기다립니다.

"공평과 정의로 세상을 심판하시는 분입니다" שׁוֹפֵט צֶדֶק (쇼펫 쩨덱, 4절).

"환난을 만난 비천한 자의 산성이십니다" מִשְׂגָּב לַדָּךְ (미쓰갑 라닥, 9절).

"당신을 찾는 자들을 버리시지 않는 분입니다" לֹא־עָזַבְתָּ דֹרְשֶׁיךָ (로 아자브타 도르쉐카, 10절).

"비천하고 온유하며 가난한 자의 소망을 잊지 않으시는 분입니다" כִּי לֹא לָנֶצַח יִשָּׁכַח אֶבְיוֹן תִּקְוַת עֲנָוִים עֲנִיִּים תֹּאבַד לָעַד (키 로 라네짜흐 이샤카흐 에비욘 티크밧 아나빔 아니임 토바드 라아드, 18절).

깊은 터널을 통과하는 중입니까?
하염없는 눈물로 베개를 적시고 계십니까?
하나님을 기억하십시오.

사망의 문에서 나를 건지시는 하나님

מְרוֹמְמִי מִשַּׁעֲרֵי מָוֶת (메롬미 미샤아레이 마벳, 시 9:13).

가난한 자의 기도

시편 10편

여호와여 어찌하여 멀리 서시며 어찌하여 환난 때에 숨으시나이까 악한 자가
교만하여 가련한 자를 심히 압박하오니 그들이 자기가 베푼 꾀에 빠지게 하소
서 악인은 그의 마음의 욕심을 자랑하며 탐욕을 부리는 자는 여호와를 배반하
여 멸시하나이다 악인은 그의 교만한 얼굴로 말하기를 여호와께서 이를 감찰하
지 아니하신다 하며 그의 모든 사상에 하나님이 없다 하나이다 (1–4절).

가장 외로움을 느끼는 상황은 언제일까?

엄마 아빠 잃은 아가?

소년소녀 가장?

실직한 가장?

아무도 나를 알아주지 않을 때?

불러도 대답하지 않는 신을 섬길 때?

시인은 하나님께 탄원하며 기도를 시작합니다.

"여호와여 어찌하여 멀리 서시며 어찌하여 환난 때에 숨으시나이

까?"(1절).

과연 시인의 말대로 하나님은 우리의 처지에 무심한 분입니까?

하늘에서 하나님이 예수에게 말을 건네십니다.
"저 밑에 있는 저 인간 참 안됐구나.
나뭇잎으로 천만 원 되게 하여 내려 보내려무나."
"아니에요.
제가 직접 내려가 살펴보고 함께하며 그를 도울게요.
어쩌다 죽을 일 생겨도 감내할게요."
"예수,
너 참 장하구나!
그게 내 뜻이란다.
어서 가거라."

사람들은 이렇게 말하곤 합니다.
"하나님이 어디 계시냐?
우리 사정을 아실 리가 있을까?
악한 자가 저렇게 활개 치며 다니는데
아브라함, 이삭, 야곱의 하나님은 어디 가셨나?"

하지만 시인은 고백합니다.
"주님은 고아를 도우셨습니다"יָתוֹם אַתָּה הָיִיתָ עוֹזֵר(야톰 아타 하이타 오제르,

14절).

"온유한 자의 간절한 소원을 들어주셨습니다" תַּאֲוַת עֲנָוִים שָׁמַעְתָּ(타아밧 아나빔 샤마아타, 17절).

이 말씀이 우리의 것이 되기를 바랍니다.

어찌하여 환난 때에 숨으시나이까?

תַּעְלִים לְעִתּוֹת בַּצָּרָה(타알림 레이톳 바짜라, 시 10:1).

주께 피하나이다

시편 11편

터가 무너지면 의인이 무엇을 하랴 여호와께서는 그의 성전에 계시고 여호와의
보좌는 하늘에 있음이여 그의 눈이 인생을 통촉하시고 그의 안목이 그들을 감
찰하시도다 (3-4절).

어릴 때 해방촌(한국전쟁 후 이북 5도민, 특히 평안북도 선천에 살던 피난민들이 이
룬 마을)에 살 때 밤이 되면 늘 '카면'이라는 술래잡기를 했습니다. 서로
흩어져 자리를 잡고 숨어 있다가 적이 오면 갑자기 나타나 '카면'이라
고 외치고 상대방을 삼단뛰기로 뛰어 붙잡으면 이기는 놀이였습니다.
숨는 것이 놀이일 때는 지더라도 그리 억울할 것이 없습니다. 다음에
놀 때 이길 수 있기 때문입니다. 하지만 술래잡기가 실제일 때 지는
것은 상당히 심각합니다. 왜냐하면 진짜 지는 것은 생사가 걸린 문제
이기 때문입니다.

시편 11편은 악인들이 어두운 가운데서 활을 세우고 시위를 당겨 의인들을 쏘아 넘어뜨리려 하는 상황을 묘사하고 있습니다. 참으로 절박한 위기의 순간에 마음이 바른 자들은 하늘 보좌에 앉아 인생을 감찰하시는 하나님을 피난처 삼아 주님의 그늘로 피합니다. 하지만 포기하지 않은 악인들은 이미 숨어 버린 의인들을 향해 "야, 무슨 선한 것이 난다고 거기 있냐. 생명을 부지하려거든 새처럼 훨훨 날아서 우리가 너를 위해 준비한 산으로 도망오지 그래"라며 조소합니다.

이런 상황에서도 이렇게 고백하는 시인의 신앙이 돋보입니다.

"여호와는 거룩한 성소에 계신다" יְהוָה בְּהֵיכַל קָדְשׁוֹ(아도나이 베헤이칼 코드쇼, 4절).

"의로우신 여호와는 의를 사랑하신다" צַדִּיק יְהוָה צְדָקוֹת אָהֵב(짜딕 아도나이 쯔다콧 아헵, 7절).

"오직 행실이 바른 자들만이 그분의 얼굴을 볼 수 있다" יָשָׁר יֶחֱזוּ פָנֵימוֹ (야샤르 예헤주 파네이모, 7절).

하늘 보좌에 좌정하신 하나님

יְהוָה בַּשָּׁמַיִם כִּסְאוֹ(아도나이 바샤마임 키쓰오, 시 11:4).

불가마 속의 은그릇처럼

시편 12편

여호와의 말씀은 순결함이여 흙 도가니에 일곱 번 단련한 은 같도다 여호와여
그들을 지키사 이 세대로부터 영원까지 보존하시리이다 (6-7절).

시편 12편이 묘사하는 시대상은 다음과 같습니다.

경건한 사람이 끊어진 시대.

신앙인을 찾아보기 힘든 시대.

아첨하는 입술이 많고

입에서 나오는 변론을 지나치게 신뢰하는 무신 시대.

가난한 자가 탈취당해 그들의 부르짖음이 하늘을 향해 치솟는 시대.

비루한 자가 높아지고 의기양양하게 돌아다니는 시대.

이때 시인은 주님께 기도합니다.

"주여 나를 구원하소서!" יְהוָה הוֹשִׁיעָה (호쉬아 아도나이, 1절).

짧지만 힘이 실린 간절한 기도입니다.

이 긴급하고도 간곡한 간청에 주님은 즉시 응답하십니다.

"지금 내가 일어나 그가 그토록 갈망하는 구원을 주겠노라" עַתָּה אָקוּם אֹשִׁית בְּיֵשַׁע יָפִיחַ לוֹ (아타 아쿰 아쉿 베예샤 야피아흐 로, 5절).

즉, 시인이 헐떡이며 갈망하는 구원을 허락하겠다는 의미입니다.

고난 가운데서 하나님을 경험한 시인은 이렇게 고백합니다.

"하나님의 말씀은 정결합니다" אִמְרוֹת יְהוָה אֲמָרוֹת טְהֹרוֹת (이마롯 아도나이 아마롯 테호롯, 6절).

"불가마에서 제련된 은 같습니다" כֶּסֶף צָרוּף בַּעֲלִיל (케쎕 짜룹 바알릴, 6절).

이 시대의 회복은 오직 주님의 말씀으로만 가능합니다. 고난 가운데 계십니까? 은그릇으로 만들어지는 과정입니다. 해답을 원하십니까? 제련된 주님의 말씀을 주야로 묵상하십시오.

당신은 하나님이십니다 אַתָּה־יְהוָה (아타 아도나이, 시 12:7).

나를 생각하사 응답하시고

시편 13편

여호와여 어느 때까지니이까 나를 영원히 잊으시나이까 주의 얼굴을 나에게서
어느 때까지 숨기시겠나이까 나의 영혼이 번민하고 종일토록 마음에 근심하기
를 어느 때까지 하오며 내 원수가 나를 치며 자랑하기를 어느 때까지 하리이까
여호와 내 하나님이여 나를 생각하사 응답하시고 나의 눈을 밝히소서 두렵건대
내가 사망의 잠을 잘까 하오며 두렵건대 나의 원수가 이르기를 내가 그를 이겼
다 할까 하오며 내가 흔들릴 때에 나의 대적들이 기뻐할까 하나이다 나는 오직
주의 사랑을 의지하였사오니 나의 마음은 주의 구원을 기뻐하리이다 (1–5절).

"주님 언제까지입니까. 영원토록 저를 잊으시겠나이까?"

עַד־אָנָה יְהוָה תִּשְׁכָּחֵנִי נֶצַח(아드 아나 아도나이 티슈카헤니 네짜흐, 1절).

시인은 기다림에 지쳐 자신의 상황을 토로하며 탄식합니다. 여기서
'영원'을 뜻하는 히브리어 네짜흐נֶצַח는 네 가지 의미를 가집니다.

첫째, 하나님의 뛰어나심을 뜻할 때("이스라엘의 영원하신 자" נֶצַח יִשְׂרָאֵל[네짜흐
이스라엘], 삼상 15:29).

둘째, 인간의 힘("내 힘이 끝났고" אָבַד נִצְחִי[아바드 니쯔히], 애 3:18).

셋째, 시간의 지속성("영구히 파멸된 곳으로" לְמַשֻּׁאוֹת נֶצַח[레마쑤옷 네짜흐], 시 74:3).

넷째, 영원성("칼이 영영히 사람을 상하겠느냐?" הֲלָנֶצַח תֹּאכַל חֶרֶב[하 라네짜흐 토칼 헤렙],

삼하 2:26).

탄식으로 기도하는 시인의 마음을 읽어 보겠습니다.

"죽을 것 같은 두려움이 엄습합니다. 언제까지 저를 외면하시겠습니까? 언제까지 문제에서 벗어나기 위해 번민하며 괴로워하겠나이까? 대적이 항상 나를 향해 일어나야만 합니까?"

시인이 탄식어구 '언제까지니이까'עַד־אָנָה(아드 아나)를 사용하여 하나님께 불만을 토하는 것처럼 보이나 실상은 깊은 신앙 고백이 배경으로 자리 잡고 있습니다.

"나의 하나님 여호와시여 바라보시고 응답하소서"

הַבִּיטָה עֲנֵנִי יְהוָה אֱלֹהָי(하비타 아네니 아도나이 엘로하이, 3절).

"내 눈을 열어 사망의 잠에 취하지 않게 하소서"

הָאִירָה עֵינַי פֶּן־אִישַׁן הַמָּוֶת(하이라 에이나이 펜 이샨 하마벳, 3절).

"내 대적이 '내가 그의 생명을 끊을 거야'라고 말하지 못하게 하소서"

פֶּן־יֹאמַר אֹיְבִי יְכָלְתִּיו(펜 요마르 오예비 예콜티브, 4절).

"나는 주님의 인자 가운데서 안식을 얻습니다"

אֲנִי בְּחַסְדְּךָ בָטַחְתִּי(아니 베하쓰데카 바타흐티, 5절).

"나의 마음은 주의 구원을 기뻐하리이다"

יָגֵל לִבִּי בִּישׁוּעָתֶךָ(야겔 리비 비슈앗테카, 5절).

나를 선대하신 여호와를 찬송합니다

אָשִׁירָה לַיהוָה כִּי גָמַל עָלָי(아쉬라 라아도나이 키 가말 알라이, 시 13:6).

지혜자의 기도

시편 14편

어리석은 자는 그의 마음에 이르기를 하나님이 없다 하는도다 그들은 부패하고 그 행실이 가증하니 선을 행하는 자가 없도다 여호와께서 하늘에서 인생을 굽어 살피사 지각이 있어 하나님을 찾는 자가 있는가 보려 하신즉 (1-2절).

2005년 12월 21일은 영국의 국치일입니다. 시민 동반자 법의 발효로 동성애자의 합법적인 결합을 허용함으로써 사회에 죄악의 문을 열어 놓았기 때문입니다. 시민법이 성경의 법을 넘어서는 순간입니다. 동성애자들에 대해 관용을 포기하자는 말은 아닙니다. 하지만 성경이 말씀하는 대로 잘못된 것은 잘못되었다고 말할 수 있어야 하는데 지나친 관용은 도덕의 선을 무너뜨리고 가치관의 혼란을 가져옵니다. 이 법으로 인해 결혼이란 말 대신 결합이라는 용어가 생겼고 이혼 대신 분리라는 용어가 만들어졌습니다.

‘어리석은 자’라고 번역된 히브리어 나발נָבָל은 ‘바보’ 혹은 ‘밤길로 접어든 인생’을 뜻합니다.

본문에서 시인은 ‘나발’의 인생의 특징을 몇 가지로 구분합니다.

마음에 주님을 모시지 않음.

도덕적으로 부패.

종교적으로 부정.

모든 행위에 선이 없음.

이들은 가난한 자의 경영을 부끄럽게 하고 타인의 분깃마저 자기 것으로 여겨 삼키려 합니다.

이와 정반대로 마쓰킬מַשְׂכִּיל, 즉 ‘지혜로운 자’의 삶은 다음과 같습니다.

하나님을 찾음.

의로움을 추구함.

주님의 구원을 대망함.

아무리 다수가 동의해도 진리가 아닐 수 있고 비록 소수가 따르더라도 진리일 수 있습니다. 세상 명사들은 재물과 명예가 있기에 하나님 없이도 즐거움을 만끽할 수 있다고 자신합니다. 집을 아름답게 장식하고 산해진미로 식욕을 돋우며 즐거워하지만 하늘의 왕께는 별 관심이 없습니다. 하늘에 좌정하셔서 인생을 살피시는 하나님은 전심으로 그분을 찾는 자들을 주목하십니다. 그들이 포로 되어 쫓겨나간 상황일지라도 다시 고토로 돌아오게 하셔서 즐거운 노래를 부르게 하십니다.

나발과 마쓰킬의 인생 중 선택은 우리의 몫입니다. 순간의 즐거움보다 영원한 즐거움을 선택하는 지혜자가 되기를 기도합니다. 주님 안에서 누리는 가난이 주님 없이 누리는 풍요보다 더 값지다는 사실을 성경이 증언하기 때문입니다.

하나님을 찾는 지혜자가 있는가 보려 하신즉

לִרְאוֹת הֲיֵשׁ מַשְׂכִּיל דֹּרֵשׁ אֶת־אֱלֹהִים(리르옷 하예쉬 마쓰킬 도레쉬 엣 엘로힘, 시 14:2).

엄격한 기준

시편 15편

여호와여 주의 장막에 머무를 자 누구오며 주의 성산에 사는 자 누구오니이까
정직하게 행하며 공의를 실천하며 그의 마음에 진실을 말하며 그의 혀로 남을
허물하지 아니하고 그의 이웃에게 악을 행하지 아니하며 그의 이웃을 비방하지
아니하며 그의 눈은 망령된 자를 멸시하며 여호와를 두려워하는 자들을 존대하
며 그의 마음에 서원한 것은 해로울지라도 변하지 아니하며 이자를 받으려고
돈을 꾸어 주지 아니하며 뇌물을 받고 무죄한 자를 해하지 아니하는 자이니 이
런 일을 행하는 자는 영원히 흔들리지 아니하리이다 (1-5절).

다윗은 하나님의 장막에 거하며 주의 성산에 주소를 두고 살 수 있
는 사람이 갖추어야 할 조건을 열한 가지 제시합니다.

첫째, 삶이 온전한가?

여기서 사용하는 온전함을 뜻하는 탐밈תָּמִים은 예물로 드려질 때의
조건인 '흠 없는'이란 뜻으로 구약성경에서 이 단어로 소개된 사람은
노아(노아는 그 시대에 의롭고 온전한 삶을 살았다, 창 6:9)와 야곱(야곱은 온전한 사람
으로 장막에 거하였다, 창 25:27)과 욥(욥은 온전하고 정직하여 하나님을 경외하며 악에
서 떠난 사람이었다, 욥 1:1)밖에는 없습니다.

둘째, 의를 행하는가?

구약에서 말하는 의인에 대해서는 에스겔 18장 5-9절에서 잘 말해 줍니다.

공평과 의를 행한다.

우상을 섬기지 않는다.

동료의 아내를 범하지 않는다.

여성을 보호할 줄 안다(월경 중인 여성을 가까이 하지 않는다).

이웃을 학대하지 않는다.

긍휼을 베푼다.

경제 행위를 올바르게 한다.

하나님의 법과 규칙들을 진실하게 수행한다.

셋째, 마음으로 진리를 말하는가?

입으로만 아니라 마음으로도 진리를 말하는 사람은 드문 세상에서 진정 우리의 마음이 진리를 말하는지 살펴볼 필요가 있습니다.

넷째, 혀를 제대로 사용하는가?

"진리를 말하는 자는 의를 나타내어도 거짓 증인은 속이는 말을 하느니라 칼로 찌름같이 함부로 말하는 자가 있거니와 지혜로운 자의 혀는 양약과 같으니라 진실한 입술은 영원히 보존되거니와 거짓 혀는 잠시 동안만 있을 뿐이니라"(잠 12:17-19).

다섯째, 동료에게 선을 베푸는가?

이웃이라고 번역된 히브리어 '레아'는 '동료'를 뜻합니다. 동료를 뜻하는 또 다른 히브리어 '하베르'의 의미는 '연합되어 있고 함께 글을 쓰는(역사를 써 나가는, 혹은 만들어 가는) 사람'입니다. 이웃에게 악을 꾀하는 사람과 선을 베푸는 사람 중에 우리는 어느 편인가요?

여섯째, 마음에 부끄러운 것이 차지할 공간을 허락하지 않는가?

"무릇 지킬 만한 것 중에 더욱 네 마음을 지키라 생명의 근원이 이에서 남이니라"(잠 4:23).

일곱째, 안목이 곧은가?

"여호와께서 사무엘에게 이르시되 그 용모와 신장을 보지 말라 내가 이미 그를 버렸노라 내가 보는 것은 사람과 같지 아니하니 사람은 외모를 보거니와 나 여호와는 중심을 보느니라 하시더라"(삼상 16:7).

여덟째, 하나님을 경외하는 사람을 존경하는가?

아홉째, 맹세한 것이 해로울지라도 변개치 않는가?

우리의 입술은 보증수표가 되어야 합니다.

열째, 돈을 빌려 줄 때 이자를 받지 않는가?

은행 제도하에서는 적용하기 힘든 법이지만, 신앙 공동체 안에서 가난한 이웃에게 돈을 빌려 줄 때는 이자를 받아서는 안 된다는 것이 성경의 법입니다.

열한째, 뇌물을 얻기 위해 공의를 굽게 하지 않는가?

뇌물로 무죄한 자의 송사를 억울하게 하는 행위는 하나님 앞에서 악임을 명심하십시오.

다윗은 위의 질문에 통과한 사람만 주님이 계시는 장막에 거할 수 있으며 그의 삶이 영원히 요동치 않을 것이라는 사실을 시편 15편에서 강조해 말하고 있습니다.

본문에 비추어 다음 몇 가지 질문을 자신에게 해 보았으면 합니다. 그리스도를 믿는 것은 마음으로부터인가요 아니면 입술의 고백일 뿐인가요? 다윗이 제시한 위의 기준이 신약 시대에 살고 있는 현대 그리스도인들이 지키기에는 너무 엄격한 기준이라고 생각하나요?

주님의 장막에 머무를 자 누구입니까?

מִי־יָגוּר בְּאָהֳלֶךָ(미 야구르 베오홀레카, 시 15:1).

다윗의 믹담

시편 16편

하나님이여 나를 지켜 주소서 내가 주께 피하나이다 내가 여호와께 아뢰되 주
는 나의 주님이시오니 주밖에는 나의 복이 없다 하였나이다 (1-2절).

시편 16편에서 다윗은 다음의 주제들로 하나님을 노래합니다.

첫째, 하나님은 나의 피난처.

환난을 만날 때 우리가 피할 곳은 어디입니까? 주님 품 외에 그 어
디서 진정한 쉼을 느낄 수 있겠습니까?

둘째, 하나님은 내 인생의 주관자.

인생의 키를 주님께 드리고 주님의 간섭하심을 고대하는 삶, 내 삶
의 자리에 주님께서 주인으로 좌정하실 수 있도록 가장 귀한 곳을 주
님께 내어 드리는 순종의 삶이 요구됩니다.

셋째, 주님만이 나의 복.

진정으로 나를 축복하실 수 있는 분은 하나님밖에 없습니다.

넷째, 하나님을 섬기는 자들과 교제하는 기쁨.

거룩하신 하나님을 추구하는 이 땅의 순례자들에 대한 존경과 기쁨이 있는 삶.

다섯째, 우상을 섬기지 않음.

우상은 내가 진정으로 의지하는 대상을 말합니다. 우리가 의지해야 할 분은 오직 하나님 한 분뿐입니다.

여섯째, 여호와는 나의 산업과 나의 잔의 소득.

여호수아 시대 때 레위 인들은 땅을 기업으로 분배받지 못하고, 그 대신 하나님께서 그들의 기업이 되시는 약속만 받았습니다. 눈에는 보이지 않지만 영원한 기업이 바로 주님이 되실 때 우리는 얼마나 든든합니까?

일곱째, 나의 분깃을 지키시는 분.

여호와께서 성을 지키지 아니하시면 파수꾼의 경성함이 허사라고 했는데, 우리의 분깃을 누가 지켜 줍니까? 우리를 지으시고 사랑하시는 주님이 아니십니까?

여덟째, 하나님이 주신 기업의 아름다움.

"나의 영원하신 기업 생명보다 귀하다"는 찬송 가사처럼 하나님이 내게 주신 기업이 얼마나 아름다운지요?

아홉째, 하나님의 훈계를 선하게 여기고 받아들이는 자세.

하나님께서는 우리를 자녀로 대우하시기에 때로 엄히 훈육하십니다. 하나님의 징계를 받을 때 우리는 순순히 기쁨과 감사함으로 하나님의 가지치기를 받아들여야 합니다.

열째, 여호와 앞에 서 있는 삶.

시인은 항상 하나님을 앞에 모시고 살겠다고 다짐합니다. 코람 데오 *Coram Deo*, 즉 '하나님 앞에서의 삶'을 실천합시다.

열한째, 하나님 안에서 요동치 않는 믿음.

배가 항구에 정박할 때 닻을 바다 속 깊이 내리는 것처럼 우리 삶의 닻을 주님께 내립시다. 파도가 몰아쳐도 내려진 닻 때문에 우리는 요동치 않을 수 있습니다.

열두째, 주님 안에서 누리는 확신과 부활의 소망.

주님의 성실하심으로 인해 우리 삶은 안전하며 부활의 소망으로 인해 어떠한 절망도 넘어설 수 있습니다.

열셋째, 주님이 보여 주시는 생명의 길을 기뻐하고 즐거워함.

실낙원의 고통은 생명나무로의 길을 차단당한 데 있었습니다. 그러나 다시 주어진 생명의 길은 우리에게 기쁨과 즐거움을 가져다주었습니다. 다시 얻은 생명의 가치를 알고 그 값어치대로 인생의 길을 걸어가는, 그러한 삶은 얼마나 싱그러운 꽃 같은지.

시편 16편의 제목은 '다윗의 믹담'입니다. 믹담이란 단어는 시편에서 모두 여섯 번 나옵니다(시편 56-60). 히브리어 믹담 מִכְתָּם(미크탐)의 의미는 대략 둘로 나뉘는데, 동쪽 셈어인 아카드어의 경우 '(죄를) 덮는다'의 의미입니다. 이 의미로 보면 본 시가 속죄 예식이나 세례식에 사용되는 예배시일 가능성이 있습니다. 헬라어 성경인 70인경이나 아람어 번역본인 테오도시안의 해석을 따를 경우는 '서판에 기록한 글'이란 의미를 지니게 됩니다. 전자의 의미를 따라 세례식에서 이 시를 사용한다고 가정해 보면 시의 이해가 상당히 달라집니다.

시편 16편은 시인이 하나님께 피난처를 구하면서 자신을 위험에서 지켜 달라는 청원으로 시작합니다. "하나님이여 나를 지켜 주소서 내가 주께 피하나이다"(1절).

3절은 사실 대단히 어려운 본문입니다. 여기서 성도라고 번역된 크도쉼קְדוֹשִׁים(거룩한 무리들)과 아디레이אַדִּירֵי(큰 자)가 북서쪽 셈어인 우가릿어에서는 하나님 아닌 다른 신을 표현할 때 사용되기에 해석에 어려움이 있습니다. 따라서 학자들은 히브리어 본문을 고쳐서 "거룩한 신들과 거대한 우상들을 즐거워하는 자들에게는 고통과 번민이 많게 될 것이다"라고 해석하기도 합니다. 만일 이 해석을 따른다면 "하나님 외에 다른 신들과 그들이 제공하는 거창한 성공을 향해 내 마음을 빼앗기지 않고 그들의 이름도 부르지 않겠노라"는, 즉 이방 신을 섬기지 않겠다는 시인의 확고한 신앙 고백을 반영해 준다고 볼 수 있습니다. 그러나 히브리어 본문을 바꾸지 않고 원문대로 해석할 경우에는 다음의 해석도 가능합니다. "땅에 있는 성도들, 내가 존경하고 싶은 큰 자들(신앙의 거인들)에게 나의 모든 기쁨이 있습니다(본받고 싶습니다). 저 또한 (그들처럼) 신앙의 순결을 지키겠습니다."

우리는 주님을 섬긴다고 말하며 또 스스로 그렇게 믿고 있습니다. 물질적 가치보다는 영적 가치를 추구하고 세상이 주는 화려함과 거대함보다는 신앙의 가치를 더 중요시하는 세계관을 가지고 있으나 참 역

설적이게도 우리의 고백과는 다르게 성공주의, 물질주의, 쾌락주의에
편승하고 있지는 않은지요?

5절에서 시인은 한 단계 더 나아가는 고백을 하고 있습니다.

"하나님은 나의 기업이시요 내가 누릴 상급이십니다. 또한 주님만이
나의 산업을 유지시키실 분입니다."

모든 것을 내려놓고 주님만이 나의 분깃, 나의 산업의 소득, 나의
기업을 지키시는 분이라는 고백을 드립시다. 6절은 하나님이 내려 주
시는 기업의 아름다움을 노래합니다. 모든 것을 내려놓은 자에게만 주
시는 축복의 놀라움을 노래하고 있습니다.

7절은 인생의 조언자이시며 훈계자이신 주님을 송축하고 있습니다.
하나님은 우리를 자녀로 대우하시기에 때로는 아주 엄격히 우리를 감
찰하시고 훈계하십니다. 8절에서는 항상 하나님의 가치를 인정하며
살겠다고 굳게 결심합니다.

9절에서 11절까지는 위에서 결단한 신앙이 가져다주는 열매에 대해
설명합니다. 모든 것을 내려놓고 주님만이 자신의 분깃임을 고백하는
자에게 내리시는 축복을 설명하고 있습니다. 그것은 마음의 기쁨이고
명예의 회복이고 평안한 삶이고 영생이며 주님과의 교제, 즉 주님의
얼굴을 대할 수 있는 은총을 얻는 것입니다.

내 앞에 여호와를 항상 모심이여

שִׁוִּיתִי יְהוָה לְנֶגְדִּי תָמִיד (쉬비티 아도나이 레네그디 타미드, 시 16:8).

시인의 기도

시편 17편

여호와여 의의 호소를 들으소서 나의 울부짖음에 주의하소서 거짓되지 아니한 입술에서 나오는 나의 기도에 귀를 기울이소서 주께서 나를 판단하시며 주의 눈으로 공평함을 살피소서 주께서 내 마음을 시험하시고 밤에 내게 오시어서 나를 감찰하셨으나 흠을 찾지 못하셨사오니 내가 결심하고 입으로 범죄하지 아니하리이다 (1-3절).

시편 17편은 '기도'라는 제목을 가지고 있습니다. 성경에서 기도란 제목이 붙은 시는 17편 외에도 시편 86편, 90편, 142편이 있습니다. 특이한 것은 다윗의 시편을 마감하는 장인 72편 마지막 절을 보면 "이새의 아들 다윗의 기도가 끝나니라"로 되어 있다는 점입니다.

다윗은 기도를 들어 달라는 표현을 다양하게 사용하면서 하나님께 호소합니다.

"들어 주소서"שִׁמְעָה(쉬므아, 1절).

"관심을 가져 주소서"הַקְשִׁיבָה(학쉬바, 1절).

"귀를 기울여 주옵소서"הַאֲזִינָה(하아지나, 1절).

다윗은 의로운 재판장이신 하나님께 이렇게 간구합니다.

"주님 제 마음을 심리하시고בְּחַנְתָּ(바한타, 원문의 의미는 실험실에서 실험하듯이) 불시에 점검도 하시고 용광로 속에도 집어넣어 보셔서 제 속에 불순물이 있는지, 제 입술에 거짓이 있는지를 살펴 주소서"(3절).

하나님의 말씀에 나의 삶을 고정시켰습니다(4절).

주님이 붙들어 주시기에 뒤뚱거리거나 넘어지지 않겠습니다(5절).

제 입을 열어 주님께 호소합니다(6절).

하나님의 자비에 자신을 맡깁니다(7절).

눈동자처럼 지켜 주시고 주의 날개 그늘 아래 저를 숨겨 주소서(8절).

악인의 손과 궤계에서 저를 보호하소서(9-13절).

주의 손으로 저를 구하소서(14절).

주님 얼굴을 뵙고 싶습니다(15절).

주님의 날개 그늘이 너무 그립습니다. 오직 그분의 날개 그늘 아래 머물러 있을 수만 있다면 나는 만족하겠습니다. 기도로 인해 찾은 주님 얼굴, 환난으로 인해 기도하게 되었고 그로 인해 가장 좋은 기쁨인 주님을 만나게 되었으니 할렐루야 아멘입니다.

내 마음을 살펴 주소서 בְּחַנְתָּ לִבִּי(바한타 리비, 시 17:3).

나를 붙드시기에

시편 18편

1. 하나님 사랑합니다 시 18:1

나의 힘이신 여호와여 내가 주를 사랑하나이다 (1절).

나의 힘이신 여호와여, 내게 주님을 향해 끓어오르는 사랑이 있습니다. 가슴이 저며 오듯이 주님이 왜 그렇게 사랑스러우신지요. 인간이 가진 언어 능력으로는 이러한 사랑의 감격을 표현해 내기가 어렵습니다. 하나님께 사랑을 고백하는 시인의 노래를 통해 무엇을 배울 수 있을까요? 기나긴 고난의 세월 끝에 안식과 평화를 허락하신 분에 대한 사랑의 고백이 시편 18편입니다. 다윗은 사방의 대적과 사울의 손에서 구원해 주신 주님께 이 노랫말을 불러 올려 드렸습니다. 먹이를 노리는 사자처럼 덤벼드는 원수들 때문에 얼마나 곤란한 삶을 살았습니까. 아둘람 굴과 엔게디 황무지에서 살아야 했고(삼상 22:24), 아기스 왕과 그의 백성 앞에서 침을 질질 흘리며 오줌을 싸고 미친 척하기도 했고(삼상 21:13-16), 아내는 타인에게 빼앗겼고(삼상 25:44), 아들 압살롬을 피해 울며 맨발로 감람산을 올라야 했었습니다(삼하 15:14). 다윗은 이런 자신을 구해 주신 하나님이 얼마나 고마웠겠습니까. 그래서 다윗은 자신을 흑암의 세력과 억울한 누명과 원수들의 손아귀와 사울 왕의 사악한 권세로부터 구해 주신 하나님께 감격에 넘쳐 "나의 힘이 되신 여호와여 내가 주를 사랑합니다"라고 고백하는 것입니다. 히브리어에서 일반적으로 사랑한다는 표현은 아람어 야헵בהֵיְ에서 파생된 아합אָהֵב을 사용하며 의미는 '선물로 준다'입니다(예를 들어, '지혜자에게 지혜를 주시며' יְהֵב חָכְמְתָא לְחַכִּימִין[야헵 호크메타 레하키민, 단 2:21). 시편 18편 1절에서는 어머니의 자궁רֶחֶם(레헴)의 사랑을 뜻하는 라함אֶרְחָמְךָ(에르함카)을 사용합니다. 마치 어머니가 태아를 자궁에 품고 사랑하듯이 하나님께 그러한 사랑을 고백하는 것입니다. 이러한 다윗의 고백은 구원을 체험했을 때뿐 아니라 주님을 향해 철이 들어 가면서 드릴 수 있는 고백이라는 생각이 듭니다.

나의 힘이신 여호와여 내가 주를 사랑하나이다

אֶרְחָמְךָ יְהוָה חִזְקִי(에르함카 아도나이 히즈키, 시 18:1).

2. 주는 피난처이십니다 시 18:2

여호와는 나의 반석이시요 나의 요새시요 나를 건지시는 이시요 나의 하나님이
시요 내가 그 안에 피할 나의 바위시요 나의 방패시요 나의 구원의 뿔이시요
나의 산성이시로다 (2절).

시편 107편 20절에 보면 주께서 말씀을 보내사 위험에 처한 자들을
고치신다고 말씀하셨습니다. 매일 묵상하는 이 시편을 통해 우리의 몸
과 영혼이 온전케 되는 은혜가 있기를 간구합니다. 다윗은 주님을 깊
이 사랑한다는 고백으로 시편 18편의 문을 연 후 자신이 주님과 어떤
관계에 있는지를 고백합니다.

첫째, 주님은 '나의 반석' סַלְעִי(쌀이).

'반석'은 보호와 안전(사 32:2; 시 40:2), 든든한 기초와 변함없음(마 7:24;
16:18)을 상징합니다. 이 고백을 드릴 때 우리는 다음의 사실을 확신하
는 것입니다. "주님 안에 보호와 안전이 있음을 알고 우리의 삶이 주
안에 있기에 우리의 기초는 든든하며 요동치 않나이다."

둘째, 주님은 '나의 요새' מְצוּדָתִי(메쭈다티).

이스라엘에 가면 사해 바다 끝 쪽에 천연 바위 요새인 맛사다가 있
습니다. 열심당원들이 로마의 7군단 실버 휘하의 군대와 싸우다 자결
하여 죽은 곳이며 유대인들에게는 3대 성지 중 하나입니다. 사면이 깎
아지르는 절벽으로 된 405미터 높이의 천연 요새를 보면 웅장하다는
단어로는 부족한 느낌입니다. 네모난 바위 꼭대기에는 길이 600미터
넓이 350미터의 넓은 공간이 있어 헤롯이 겨울 별장을 지었으며 각종

유물과 로마식 사우나와, 물을 저장하던 큰 바위 저장고가 있습니다. 뱀의 길이라고 불리는 동쪽 기슭으로 한 시간 걸어 올라가면 정상에 이를 수 있고, 북쪽 광야 길로 돌아 아슬아슬하게 절벽 길을 타고 다시 서쪽 기슭을 향해 올라가도 정상에 이를 수 있습니다. 맛사다 정상에 서 동쪽을 바라보면 룻의 고향인 모압, 세례 요한이 순교한 곳으로 알려진 마케루스, 이스라엘 백성이 건넌 아르논 계곡이 보입니다. 하지만 인간이 의지하는 요새는 이름만 요새일 뿐 실제 상황에서는 무기력한 경우가 많습니다. 로마가 무너뜨린 맛사다처럼 말입니다. 그러나 주님이 우리의 요새일 때는 완전히 다릅니다. 이유인즉 주님을 정복할 수 있는 능력을 가진 자가 이 세상에 존재하지 않기 때문입니다.

셋째, 주님은 '나의 피난처' מְפַלְטִי(메팔티).

히브리대학 유학 시절 걸프전으로 인해 방공호에 들어간 경험이 있습니다. 집 안에 있다가 사이렌 소리가 들리면 모두 준비된 방공호에 들어가야만 했습니다. 하지만 떨어지는 미사일이 화학 탄두를 적재한 경우에는 지하의 방공호는 아무 소용이 없었습니다. 그럴 때는 가능한 한 위층으로 올라가야 했습니다. 방독면을 쓰긴 했어도 이용할 수 있는 시간은 45분에서 한 시간으로 제한되어 있었습니다. 주님의 피난처는 걸프전의 경우처럼 떨어지는 폭탄 종류에 따라 우리가 이리저리 옮겨 다녀야 하는 그런 방공호가 아닙니다. 가스마스크도 필요 없습니다. 누가 우리에게 세상의 위험을 피해 편히 쉴 피난처를 제공할 수 있을까요? 바로 다윗이 고백하는 하나님입니다. 오직 하나님만이 우리의 진정한 피난처이십니다.

넷째, 주님은 '나의 방패' מָגְנִּי(마기니).

우리를 향해 활을 겨누고 있는 사탄의 궤계를 우리가 어찌 막을 수 있겠습니까? 주님이 앞장서실 때 우리는 우리를 겨누는 죽음의 화살을 피해 안전하게 보호받을 수 있습니다.

다섯째, 주님은 '나의 구원의 뿔' קֶרֶן־יִשְׁעִי(케렌 이슈이).

여섯째, 주님은 '나를 높이시는 분' מִשְׂגַּבִּי(미쓰가비).

목사 안수를 앞두고 있던 때였습니다. 성경을 가르치다가 교인들의 눈에서 하나님의 말씀에 대한 간절한 갈망을 읽었습니다. 그러나 나 자신이 전혀 준비되어 있지 않았음을 깨닫게 되었습니다. 그래서 유학을 결심했고 막연한 기대를 품고 이스라엘로 떠났습니다. 목사 안수를 연기하면서 두 가지 기도를 하나님께 드렸습니다.

"하나님 저를 많이 훈련시켜 주세요. 그리고 성경을 읽어 낼 수 있는 마음을 주세요."

시간이 지나면서 하나님께서 기도에 성실하게 응답하심을 알게 되었습니다. 하나님의 훈련이 시작된 것입니다. 외로움과 소외감, 공부에 대한 엄청난 좌절, 경제적 곤궁……. 베들레헴의 산골길을 거닐면서 정말 쓸쓸하게 성지를 다녔습니다. 18개월 된 딸아이는 시골에 계신 부모님께 맡겨야 했습니다. 지도교수는 17개의 언어를 다룰 수 있는 뛰어난 학자였기에 내가 도저히 도달할 수 없는 에베레스트였습니다. 학위 논문을 마치기도 전에 어머니는 세상을 떠나셨습니다. 아들의 목사 안수를 그렇게 바라셨는데 효도를 할 수 없었습니다. 돌아갈 수도, 계속 공부할 수도 없는, 한마디로 진퇴양난의 상황이었습니다.
그 후 14년이 지났습니다. 어떻게 그 긴 칠흑의 터널을 뚫고 나왔는지,
아무튼 터널을 통과하니 광명이 기다리고 있었고 주님은 전혀 합당치
않은 내게 박사학위까지 안겨 주셨습니다.

오늘 다윗의 시편을 대하면서 다윗의 말에 깊이 공감하고 있습니다.
그것은 다윗에게 일어난 일이 부족한 내게도 일어났기 때문입니다. 그
의 고백이 나의 고백이 되기를 원합니다.

주님은 나의 반석이십니다 יְהוָה סַלְעִי (아도나이 쌀이, 시 18:2).

3. 찬송함으로 주께 나아갑니다 시 18:3

내가 찬송 받으실 여호와께 아뢰리니 내 원수들에게서 구원을 얻으리로다(3절).

창조주 하나님은 그가 지으신 모든 만물에게서 찬양과 존귀를 받으
셔야 마땅합니다. 우리가 찬양을 하나님께 드리는 것은 그분께 존경과
감사를 표현하는 행위입니다.

역대하 20장은 유다 왕 여호사밧 때 일어난 일을 기록합니다. 모압
과 암몬 족속이 유다 왕조를 향해 쳐들어올 때 여호사밧 왕은 찬송하
는 자들을 앞세우고 전쟁터에 나갑니다. 이스라엘이 벌떼같이 달려드

는 적군 앞에서 성가대를 앞세우고 찬양할 때 하나님께서 그 전쟁에 개입하셔서 적군을 무찔러 주시는 장면이 잘 나타납니다.

나침반을 잃고 표류하는 배처럼 고뇌의 바다를 항해하는 우리는 여호와께 감사와 찬송을 드리며 사정을 아뢰어야만 합니다. 하나님께서는 찬송하는 자가 만난 거센 풍랑을 잔잔케 해 주실 것입니다. 찬송과 함께 드리는 기도는 하나님께 호소하는 강력하고도 효과적인 무기입니다. 고된 하루의 삶 속에 찬미의 제사와 간구의 기도로 주님께 나아갑시다.

이스라엘에서 삶이 고달플 때마다 찬양을 드렸습니다. 거의 매일 두 시간 정도씩 찬양했습니다.

"하나님 한 번도 나를 실망시킨 적 없으시고 언제나 공평과 은혜로 나를 도우셨네. 오 신실하신 주, 오 신실하신 주. 내 너를 떠나지도 않으리라, 내 너를 버리지도 않으리라 약속하셨던 주님, 그 약속을 지키사 이제부터 영원토록 나를 지키시리라 확신하네."

참으로 신기하게도 힘들 때마다 찬송을 드리면 많은 문제가 해결되는 경험을 했습니다. 찬송은 창조주께 드릴 수 있는 가장 좋은 존경과 감사의 표시입니다. 삶이 고달픈가요? 찬송합시다.

내가 찬송° 받으실 여호와께 아뢰리니 내 원수들에게서 구원을 얻으리로다 מְהֻלָּל אֶקְרָא יְהוָה וּמִן־אֹיְבַי אִוָּשֵׁעַ(메훌랄 에크라 아도나이 우 민 오예바이 이바쉐아, 시 18:3).

4. 아둘람 굴의 회상 시 시 18:4-15

사망의 줄이 나를 얽고 불의의 창수가 나를 두렵게 하였으며 스올의 줄이 나를
두르고 사망의 올무가 내게 이르렀도다 내가 환난 중에서 여호와께 아뢰며 나
의 하나님께 부르짖었더니 그가 그의 성전에서 내 소리를 들으심이여 그의 앞
에서 나의 부르짖음이 그의 귀에 들렸도다 (4-6절).

익숙지 않은 도시가 되어 버린 서울. 아버님 계시는 사당동 단칸방
과 서울의 명성 있는 아파트를 오가면서 인생을 배우고 있습니다. 초
라함과 화려함의 교차로에서 양쪽의 공통된 외로움을 발견합니다. 중
간자 아니 회색의 빛깔을 좋아하는 무명용사로서 때로는 눈물을, 때로
는 조용한 미소를 지으며 서울 한 모퉁이를 열심히 걸어 다니고 있습
니다. 어린 시절부터 청소년기까지 살던 해방촌을 가 보았습니다. 단
칸방에 공동수도, 공동변소가 있던 해방촌에 도착하자 가슴이 뛰었습
니다. 그리 낯설지 않은 골목길. 유학 초기 그리스 아테네에서 지낼
때, 꿈속에서 사탄이 내게 흰옷 입고 집어던진 상자를 얼굴에 맞고 쓰
러진 바로 그 장소가 마을 초입에 서 있었습니다. 꿈꾼 이후 가정을
잃었고 환난의 소용돌이에 휩싸여 이리저리 구르는 낙엽처럼 긴 세월

• 찬송과 관련된 히브리어 단어들

'찬송' תְּהִלָּה (테힐라).

'시로 써서 부르는 새 노래' שִׁיר חָדָשׁ (쉬르 하다쉬).

'정제된 언어를 사용해서 입으로 부르는 노래' מִזְמוֹר (미즈모르).

'지혜를 받아 부르는 노래' מַשְׂכִּיל (마쓰킬).

'승리자가 부르는 노래' מְנַצֵּחַ (메나쩨아흐).

을 보냈습니다. 주님께서 당신의 손으로 다시 붙잡아 나뭇가지에 매달아 놓으실 때까지.

살던 집은 2층 빌라로 멋있게 변해 있었습니다. 그 집 앞에 서 있는데 가슴에 묻혀 있던 추억이 몰려왔습니다. 바로 앞 정일학원(예전의 숭실중학교) 담으로 가 보았습니다. 동생이 교통사고로 넘어져 있던 곳, 그 후 기적같이 회생한 동생이 김일 흉내 내며 머리를 단련한다고 박치기로 담을 들이받다가 물혹이 생겼던, 금 간 담 밑에서 많이 울었습니다. 공동변소. 그때는 너무 창피하여 정말 가기 싫었던 곳, 한 번 들어가면 반나절은 냄새가 온몸에 배는 곳, 그 화장실에 들어가 보았습니다. 깨끗한 수세식으로 변해 있었습니다. 해방촌 모자원 앞 공중변소 앞에서는 내 나이 또래의 사람이 소주병을 깐 채 주접거리고 있었습니다. 그 옛날, 많은 사람들이 인생의 험로를 토해 내며 술로 세월을 보내는 모습을 지켜보면서 자랐던 어린 시절이 생각났습니다.

동네를 돌아보았습니다. 다 무너져 가는 그 오래된 집들에 사람들이 여전히 살고 있었습니다. 재봉틀 앞에 앉아 있는 아주머니를 보자 엄마 생각이 났습니다. 우리 엄마도 그러셨습니다. 무당 아주머니 집. 그때 "예수 믿으세요!" 말했다가 안으로 끌려 들어가 한 시간 동안 사천왕 상 앞에서 두 손 들고 벌섰던 기억이 났습니다. 사탕 훔쳐 먹고 들켜 어머니한테 싸리 빗자루로 10분간 얻어맞고 떨며 서 있었던 장소도 가 보았습니다. 어린 시절부터 그 마을을 떠나기까지 다녔던 교회도 가 보았습니다. 무당이 점치는 곳이 되어 있었습니다. 주님의 음성을 듣고 소아마비를 고쳤던 곳. 내게 잠터요 먹터요 놀이터요 꿈터였던 그곳이 글쎄 녹슨 십자가만 남긴 채 무당의 놀이터가 되어 있었습니다. 철 대문을 붙들고 한동안 울었습니다. 주님! 이 교회터를 다시 사게 해 주세요.

'임금이 된 다윗이 그 옛날 사울 임금을 피해 도망 다니다 잠시 머문 아둘람 굴을 다시 찾았을 때 어떤 심정이었을까?' 생각해 보았습니다. 유명해진 사람이 아니지만 그저 어린 시절을 보냈던 해방촌에 가 보고 싶었습니다. 가서 아픔을 느꼈습니다. '어떻게 이런 곳에서 살 수 있었을까?' 다시 살라면 절대로 못 살 것 같더군요. 이런 생각도 들었답니다. '지금 내 나이 때 어머니, 아버지는 어린 것들을 데리고 사시면서 얼마나 괴로우셨을까?'

본문에서 다윗은 하나님의 심판을 다음과 같이 묘사하고 있습니다.
첫째, "하나님의 심판으로 인해 땅이 진동합니다"(7절 상).
하나님은 우리 삶의 기초를 뒤엎으실 수 있습니다
둘째, "하나님의 진노로 산들의 기초가 흔들립니다"(7절 하).
하나님은 우리가 의존하는 것들을 제거하실 수 있습니다.
셋째, "여호와의 심판의 기운으로 우주의 기초가 무너집니다"(15절).
하나님의 심판은 지구의 종말을 가져옵니다.

눈을 들어 하늘을 바라보면 좋겠습니다. 비록 숨어 계시는 것 같아도 우리를 감찰하시고 우리의 모든 행동과 마음의 생각을 아시는 분, 또한 우리가 그토록 소중히 여기는 기초들을 재편성하실 수 있는 분이 바로 하나님이시라는 사실을 잊지 맙시다. 그런 의미에서 아둘람 굴의 회상은 아직도 필요합니다.

그의 앞에서 나의 부르짖음이 그의 귀에 들렸도다

שַׁוְעָתִי לְפָנָיו תָּבוֹא בְאָזְנָיו(샤브아티 레파나브 타보 베오즈나브, 시 18:6).

5. 나를 건지셨도다 시 18:16-24

깊은 물에 수장되어 숨이 멎어 가는 순간에 그분이 자비로운 손을 내밀어 구원
하시도다 (16절, 의역).

세상의 법칙은 약자의 생존을 위협합니다. 경쟁에서 뒤처지면 여지 없이 도태되는 것이 우리가 사는 세상입니다. 경쟁은 공정한 규칙하에 이루어지는 것 같아 보여도 덤을 이미 손에 쥔 채 경쟁 마당에 뛰어들어 손쉽게 승리를 거머쥐는 사람도 많은 것이 사실입니다. 때론 불의로 무장된 강포자들이 가난한 의인을 억압하기도 합니다. 하지만 하나님은 세상의 질서를 바로 세우시는 분입니다. 하나님의 자녀들이 불의한 자에게 억울한 일을 당할 때 방관하시는 분이 아닙니다. 하나님은 힘이 센 원수들이 하나님의 자녀들을 위협할 때도 그들의 손에서 건져 주시고 자녀들을 미워하여 해하려는 자들에게서도 구원해 주십니다. 나그네처럼 고된 날에는 앞으로 나아가게 하시고 피곤에 지쳐 넘어지

려 할 때는 여호와께서 친히 의지할 분으로 다가오십니다. 또한 하나님의 자녀인 우리를 너무 사랑하시고 기뻐하시기에 구원하셔서 넓은 대륙에 서게 하시며 행위를 감찰하사 의를 따라 상 주시고 우리의 손이 행한 대로 갚아 주십니다.

시인은 담대하게 자신의 삶을 하나님 앞에 내어놓습니다. 21-23절을 통해 그의 삶을 다섯 가지로 요약해 볼 수 있습니다.

첫째, 하나님 앞에서 악을 행하지 않았습니다.

둘째, 하나님의 공의를 늘 생각했습니다.

셋째, 하나님께서 정하신 규칙들을 잊지 않았습니다.

넷째, 주님과 함께 온전히 살았습니다.

다섯째, 죄짓지 않으려고 조심했습니다.

그분과 함께 온전한 삶을 살겠습니다

אֱהִי תָמִים עִמּוֹ(예히 탐밈 임모, 시 18:23).

6. 행위대로 시 18:25-26

자비로운 자에게는 주의 자비로우심을 나타내시며…… (25절).

이스라엘 유학 시절 이런 경험이 있습니다. 딸아이 도시락에 넣을 빵과 우유를 사러 슈퍼마켓에 가던 중 쓰레기통에 얼굴을 집어넣고 무언가를 열심히 뒤지고 있는 한 아랍 사람을 보게 되었습니다. 얼마나 마음이 저려 오던지. 그 친구에게 왜 쓰레기통을 뒤지는지 물었습니다. 그랬더니 자신의 딸에게 입힐 옷을 찾고 있다고 대답하는 것이었습니다. 빵을 사러 가던 길을 멈추고 다시 집으로 뛰어 올라가선 딸에게 이렇게 말했습니다.

"하나야, 네 옷 좀 내놔라."

딸은 이렇게 말하면 무슨 뜻인지 알고 자신이 선택한 옷을 몇 벌 내놓습니다. 딸이 준 옷 몇 가지와 내 옷 몇 벌을 들고 다시 내려가 아랍 사람에게 주었습니다. 빵을 사려던 5달러도 손에 쥐어 주면서 이렇게 말했습니다.

"형제님, 옷이 필요하면 우리 집 저기 3층에 있으니 언제든지 초인종을 누르세요. 다시는 하나님께서 지으신 귀한 얼굴을 쓰레기 더미에 파묻지 마세요."

세월이 흘렀습니다. 까마득하게 이 일을 잊고 살았는데 전혀 뜻밖에도 주님께서는 히브리대학을 통해 장학금으로 5천 달러를 주셨습니다.

시인 다윗의 고백입니다.
"경건한 자에게는 주의 은총을
온전한 자에게는 주의 온전하심을
깨끗한 자에게는 주의 맑으심을
사특한 자에게는 어려운 난제*를 보이시리니"(25-26절).

주님의 아름다우심을 본받으려 하면 할수록 주님은 그분의 아름다우심을 경험케 하시고, 하나님의 자비하심을 삶 속에서 실천하려고 노력하면 성령님께서는 하나님의 긍휼이 얼마나 크신지를 알게 해 주십니다. 지극히 적은 경험이 하나님에 대한 전체 그림이 되지 않기를 기도합니다.

온전한 사람에게는 온전하심을 나타내시며

עִם־גְּבַר תָּמִים תִּתַּמָּם(임 그바르 탐밈 티탐맘, 시 18:25).

7. 가난한 백성을 구하시는 하나님 시 18:27

주께서 곤고한 백성은 구원하시고 교만한 눈은 낮추시리이다 (27절).

광주에서 버스를 타고 부산에 갔습니다. 부산을 방문할 때마다 가장 가고 싶었던 곳은 자갈치시장이었습니다. 나의 어머니 같은 분들을 많이 만날 수 있기 때문입니다. 자판에 여러 종류의 물고기를 얹어 놓고 장사하는 아주머니들의 얼굴을 유심히 살펴보면서 어머니의 얼굴을 그려 보았습니다. 전철을 타기 위해 자갈치역으로 향하던 중 뙤약볕 아래 주저앉아 마른 생선 몇 마리를 팔고 있는 남루한 차림의 아주머

• '어려운 난제'로 번역한 티트파탈 תִּתְפַּתָּל은 뱀이 비비 꼬는 상태를 말합니다.

니와 얼굴이 마주쳤습니다. "사 가이소"란 말조차 발할 수 없는 피곤함이 드러나는 분이었습니다. 그냥 눈만 마주쳤는데 나는 아쉽게도 그 눈길의 소원을 들어드릴 수가 없었습니다. 이미 내 손에는 조금 전에 산 삼치 꾸러미가 들려 있었기 때문이었습니다. 마음이 아팠지만 계속 바라보시는 그 아주머니의 눈길을 외면한 채 전철을 향해 성급히 걸음을 옮겼습니다.

저녁 집회 설교를 마치고 조용히 기도하는데 아침에 마주쳤던 그 아주머니의 얼굴이 떠올랐습니다. 마음이 아프고 괴로웠습니다. '그냥 사 드릴걸. 난 만 원이 없어도 살지만 아주머니는 만 원이면 좌판을 덮고 잠시 쉼을 가질 수 있었을 텐데.' 순발력이 모자란 무능한 자신이 괴로웠습니다. 울 어머니 같은 분인데 어머니를 외면한 것 같아 죄송스러웠고 다시 자갈치시장으로 가고 싶었습니다.

다윗은 가난한 백성을 외면하지 않으시고 구원하시는 분이 하나님이시라고 말합니다. 하나님께서 가난한 나를 구원하시지 않았다면 나는 어떻게 되었을까요?

당신은 가난한 백성을 구원하실 것입니다

אַתָּה עַם־עָנִי תוֹשִׁיעַ(아타 암 오니 토쉬아, 시 18:27).

8. 타오르게 하소서 시 18:28-29

주께서 나의 등불을 켜심이여 여호와 내 하나님이 내 흑암을 밝히시리이다
(28절).

한국이 IMF 체제하에 있었을 때, 이스라엘에서 딸 하나와 함께 살던 작은 아파트에 중국 동북 산성 출신 동포 여섯 명이 찾아온 일이 있습니다. 경제적 어려움에 쫓겨 이스라엘로 일하기 위해 온 분들입니다. 그때 내 형편은 엥겔 지수와 문화 지수가 거의 제로에 가까운 절대 절급한 수치를 가리킬 때였습니다. 나는 보따리를 들고 불쑥 찾아 들어온 형제들을 보내신 주님을 잠깐이나마 원망했습니다.

"이렇게 힘들게 지쳐 사는 홀아비와 어린 딸의 작은 보금자리에 한 명도 아니고 여섯 명이나 되는 장정을 보내시다니 좀 너무하십니다. 잘 정돈되고 경제적 여유가 있는 집으로 보내시지 그러셨어요."

곧이어 주님의 음성이 들려왔습니다.

"내가 짐을 보내겠니? 천사를 보내지."

"천사라고요?"

툴툴거리며 주님께 반문하던 내게 큰 깨달음이 왔습니다.

'우리 집에 온 사람들이 천사라……'

마음을 고쳐먹고 어떻게 하면 이 난국을 헤쳐 나갈지 고민하기 시작하자 주님은 내게 수학의 정석처럼 좋은 아이디어를 주셨습니다.

'차비를 아껴 밀가루를 사자.'

히브리대학까지 왕복으로 차를 네 번 타는데 두 번만 걸어가면 2달

러를 절약할 수 있고 그 돈으론 8킬로그램의 밀가루를 살 수 있다는 생각이 들었습니다. 다음 날 아침 이 생각을 실천에 옮겼습니다. 학교에서 집으로 돌아오는 길에는 8킬로그램의 밀가루가 손에 들려 있었습니다. 그 밀가루를 가지고 만두를 만들었습니다. 만두 속을 준비하여 여섯 명의 동포들과 딸아이와 나, 모두 여덟 명이 만두를 무려 2천 개나 만들었습니다. 비어 있던 냉장고에 만두를 넣고는 아침에 물만두, 점심에 찐만두, 저녁에 군만두를 20여 일간 먹었습니다. 식사 때마다 동포들을 위해 간절히 기도를 드렸습니다. 40여 일간 우리 집에 머물던 동포들은 성경을 읽기 시작했고 주님을 영접했습니다. 그리고 갈릴리에서 세례까지 받게 되는 축복이 임했습니다. 40일이 지나자 하나님은 동포들에게 직업을 허락하셨는데 두 명은 예루살렘에 있는 징기스칸이란 음식점에 만두 빚는 기술자로 취업이 되었답니다. 할렐루야! 이 일을 계기로 재정 위기 중에도 힘을 얻었고 유학을 끝까지 마칠 수 있었습니다.

그때의 경험은 지금도 내 삶의 큰 교훈으로 자리 잡고 있습니다. 주님을 신뢰하면 어떤 난관도 극복할 수 있습니다. 사탄의 궤계도 패퇴시킬 힘이 주님 안에 있기에 오늘도 주님을 철저히 의지합니다.

어두운 밤길을 걸어갈 때 비추어 주는 달빛이 얼마나 고마운지 모릅니다. 풍랑 이는 바다 가운데서 표류하는 작은 배가 발견한 등대의 불빛은 희망의 빛입니다. 빛이 바래진 채 가게의 진열대에 놓여 있는 청동 잔. 누군가의 책상 위에 놓여 기름을 가득 담고 밝은 빛을 발하게 될 날을 기다리지만 너무 낡았기에 아무도 주목하지 않는 등잔처럼 보이는 것이 우리 그리스도인의 모습인 것 같습니다. 먼지만 수북이 쌓인 텅 빈 등잔, 기름은 있지만 타오르지 않는 등잔, 희미하게 빛을 발하지만 이내 꺼져 연기만 내뿜는 등잔. 다윗은 곤란한 시절을 통과한 후 자신이 타오르는 빛이 되게 해 달라고 기도합니다.

아무도 주목하지 않는 곳에서 마치 골동품처럼 발견되기를 기다리며 어둠 속에 묻혀 있어도, 주님은 찾아내어 보혈로 씻고 성령의 기름을 붓고 믿음의 심지를 넣고 말씀의 불을 붙여 타오르게 하실 분이기에, 오늘도 우리는 숨어 기다릴 수 있습니다.

여호와, 주님께서 나의 빛을 발하게 하실 것입니다

אַתָּה תָּאִיר נֵרִי יְהוָה(아타 타이르 네리 아도나이, 시 8:28).

9. 하나님 같은 분 어디 계실까? 시 18:30-50

여호와는 살아 계시니 나의 반석을 찬송하며 내 구원의 하나님을 높일지로다
(46절).

영국에서 고국을 잠시 방문하기 위해 출발했을 때 약간의 망설임과 두려움이 있었습니다. 길 떠나는 나그네로서 손에 쥐어진 노잣돈도, 여행 항로를 그린 지도도 없이 마치 무작정 상경하는 시골 처녀처럼

설렘과 두근거림을 간직한 채 인천공항에 도착했습니다. 다행히 머리 둘 숙소를 제공해 주신 우리 하나님 은덕으로 서울 하늘을 지붕 삼지는 않게 되었고, 이곳저곳에서 뜻밖의 환대가 마치 아침에 햇살이 밤새 추위에 떤 나뭇가지를 살포시 녹이는 것처럼 나그네의 외로움을 달래 주었습니다. 주님의 계획에 모든 것을 맡기고 하루하루 문이 열리면 그 문을 통과하고 문이 닫혀 있으면 그대로 머무는 방식으로 살기를 한 달. 강사로 초빙된 4일간의 말씀 사경회 일정이 갑자기 취소되었을 때에도 주님을 신뢰하며 감사했더니 하나님은 다른 계획으로 우리 가족을 위로하셨습니다.

영국에서 만나 교제했던 김 목사님이 섬기시는 원당의 교회에서 함께 예배드리며 즐거운 시간을 보냈습니다. 에녹이 하나님과 동행하는 삶을 본받고 싶어 '에녹처럼'이란 제목으로 설교를 하였습니다. 설교를 하면서 문득 동생 생각이 났습니다.

대학교 3학년이던 나는 동생의 시신을 담은 차를 타고 원당을 지나고 있었습니다. 원당을 지나 일산을 거쳐 금촌까지 가서 동생을 묻었습니다. 동생이 암으로 투병하던 1년 반 동안 정말 많이 울었습니다. 그때는 애절한 절망의 울음이었지요. 동생의 병원비를 갚지 못한 어머니는 서울대학병원에 동생의 시신을 해부용으로 기증했고 해부가 끝난 후 되돌려 받은 동생의 몸을 삼베에 싸서는 금촌 감리교 공동묘지에 묻기 위해 떠난 것입니다.

하나님의 시간은 얼마나 정확한지요. 그때 동생의 무덤을 붙들고 동생의 마지막 유언대로 신학교를 가겠다고 결심한 지 21년 만에 다시 금촌이 가까운 원당에서 설교를 하다니……. 정말 감격스러웠습니다. 설교가 끝나자마자 아들이 운전하는 차에 아내와 함께 올라 기억을 더듬으며 동생의 무덤을 찾아 나섰습니다. 동생의 무덤이 있는 금촌에는 포병 부대가 많이 있었기에 기억을 더듬어, 포의 사정거리 안에 있어 늘 두들겨 맞던 큰 산을 향해 무작정 갔습니다. 기억이 되살아난 덕분에 한 번에 찾을 수 있었습니다. 산자락 어귀에 자리 잡고 조용히 누워 있는 동생의 무덤에 도착해 이렇게 말했습니다.

"용욱아, 형이 왔어. 약속한 대로 박사가 되어 다시 왔단다."

동생은 21세에 세상을 떠났는데 하나님께서는 만 21년 만에 동생의 무덤을 다시 찾게 하셨습니다. 곁에서 아내도 조용히 눈물을 흘리며 서 있더군요. 나는 무덤 곁에 자라고 있는 억새풀과 들꽃을 꺾어 동생의 무덤에 놓았습니다. 형이 온 기념으로요. 자리를 뜨려다가 동생 무덤 위에 자라고 있는 상수리나무를 보았습니다. 아주 작은 나무였습니다. 동생의 살과 뼈를 영양분 삼아 자라고 있는 상수리나무. 싱그러운 녹색 잎이 얼마나 사랑스러웠는지 모릅니다. 상수리나무 잎을 조용히 쓰다듬어 보았습니다. 동생의 손을 만지는 것 같더군요.

"잘 자라다오."

상수리나무에게 부탁하며 아쉬운 작별을 해야만 했습니다.

아둘람 굴의 고난을 당했던 시인 다윗의 고백이 생각났습니다. 지금은 주님께서 아름다움으로 띠 띠우시고 자신의 길을 온전하게 만들어 주셨다고(32절).

웬 은혜요 축복인지요?

예수님 때문에 모든 것이 합력해 선을 이루고 마침내 슬픔과 탄식이 달아나고 "예수님 만세!"를 외칠 수 있음에 감사드립니다. 과정이 어렵더라도 마침내 "야호"의 환호성을 지를 수 있다면 고난마저 마다하지 않으렵니다.

다윗은 31절에서 "하나님 같으신 분 누가 있으리요"로 시작해서 46절에서는 최고의 감탄사를 사용해서 "영원히 살아 계시며 복되신 주님께" 영광을 돌리고 있습니다.

다윗은 하나님께서 승리를 주신 과정을 몇 가지로 설명합니다.

첫째, 발목에 힘을 주셔서 사슴처럼 달리게 하셨다(33절).

걸을 수 있다는 것은 큰 축복입니다. 바르게 걸을 수 있다는 것은 더 큰 은총입니다. 다윗은 주님께서 자신의 발을 사슴과 같게 하사 높은 산등성이 위를 다니게 하신다고 고백합니다. 우리 발이 사슴과 같다는 말의 의미는 무엇일까요?

이스라엘 유학 중 골란 고원의 지뢰밭에 들어간 적이 있습니다. 이혼의 아픔을 이기지 못하고 정신을 거의 잃은 상태였기에 지뢰밭도 두렵지 않았습니다. 그때 지뢰밭 사이를 가로지르며 올라가는 사슴 두 마리를 보게 되었습니다. 가파른 언덕을 어찌 그렇게 쉽게 올라가던지, 두 가지 사실이 부러웠습니다. 하나는, 부부인 듯 사이좋게 산등성이를 오르는 모습이었고, 또 하나는 지뢰밭과 바위를 아랑곳하지 않고 쉽게 오르는 모습이었습니다. 유대 광야를 여행하다 보면 이따금씩

사슴을 만나게 됩니다. 험한 준령을 아랑곳하지 않고 손쉽게 오르고 내리는 사슴을 보고 있노라면 숨이 헉 막히곤 합니다. 만물의 영장이라고 자처하는 나는 이렇게 힘들어하는데 사슴은 오랫동안 광야에서 사는 삶에 익숙한 탓인지 전혀 힘들어하지 않는 모습이었습니다. 광야 가운데 솟은 바위 위에 의젓하게 서 있는 사슴이 참 부러웠습니다.

다윗은 주님께서 나의 발을 사슴과 같게 하셨다고 고백합니다. 억울하게 사울 임금에게 쫓기며 아둘람 굴, 엔게디 황무지를 헤맬 때 다윗도 아마 광야에 살고 있는 사슴을 보곤 하였을 것입니다. 그때 다윗은 사슴이 부러웠을지 모릅니다. 험준한 산등성이를 손쉽게 뛰어넘는 사슴을 바라보며 '나는 언제 저렇게 난관을 극복할 수 있을까?' 생각했을 것입니다.

나는 생후 9개월 만에 걸린 소아마비로 왼쪽 다리를 절게 되었습니다. 박자가 안 맞는 왼쪽 다리 때문에 제대로 걷거나 달리지 못한다는 사실이 얼마나 괴로웠는지 모릅니다. 그대로 주저앉을 수는 없기에 고등학교 시절 교회에 나가 열심히 기도했습니다. 학교를 마치고 교회로 오면 밤 열 시 반. 아무도 없는 교회 바닥에 꿇어 엎드려 다리를 고쳐 달라고 일 년 반 동안 기도하다가 조용한 교회에서 뜻밖의 음성을 듣게 되었습니다.

"성욱아 나와 함께 걷지 않을래?"

그 후 나는 주님과 함께 남산 길을 오르기 시작했고 얼마 후 왼쪽 다리에 점차 근육이 생겼습니다. 지금은 어떤 산도 오를 수 있는 튼튼한 다리를 갖게 되었습니다. 건강한 다리로 높은 산을 오를 수 있다는 것은 정말 큰 축복입니다. 은혜입니다. 사랑입니다.

둘째, 손과 팔로 칼과 활을 능숙하게 다루게 하셨다(34절).

사무엘서에 보면 블레셋의 장수 골리앗이 지닌 전쟁 무기에 대해 자세하게 언급합니다. "그 키는 여섯 규빗 한 뼘이요 머리에는 놋 투구를 썼고 몸에는 비늘 갑옷을 입었으니 그 갑옷의 무게가 놋 오천 세겔이며 그의 다리에는 놋 각반을 쳤고 어깨 사이에는 놋 단창을 메었으니 그 창 자루는 베틀 채 같고 창 날은 철 육백 세겔이며"(삼상 17:4-7).

반면에 골리앗과 마주 싸우던 다윗의 무기는 막대기와 시냇가에서 주운 매끄러운 돌 다섯과 물매였습니다(삼상 17:40). 하지만 매번의 전쟁을 돌멩이로만 싸울 수는 없는 법. 하나님께서는 다윗에게 광야를 거치게 하심으로써 세상 무기도 익숙히 다루는 사람으로 만들어 가셨습니다. 그래서 사울에게 쫓기던 다윗은 골리앗의 칼을 손에 넣게 되었습니다(삼상 21:9). 물론 전쟁은 여호와께 속한 것입니다. 그러나 동시에 하나님의 사람들은 세상 무기를 다룸에도 능숙해야만 합니다. 세상 무기는 지성과 인성과 감성을 사용해 얻는 것들을 의미합니다.

셋째, 나의 걸음걸이를 빠르게 하사 대적을 뒤쫓게 하셨으며 허리춤에 용기와 힘을 주셔서 대적을 굴복하게 만드셨다(36-39절).

하나님 때문에 대적들은 다윗에게 목덜미를 내놓았고 그는 대적들을 두들겨 바람에 날리는 먼지처럼, 땅바닥에 밟히는 진흙처럼 만들 수 있었습니다. 하나님은 분쟁 가운데서 피할 곳을 주셨고 오히려 여러 민족 가운데 그를 높이시기까지 하셨습니다. 그의 승리로 인하여 전에는 알지 못하던 백성들이 그를 섬기기 시작했고 그를 속이려고만 했던 이방인들마저 넋이 나간 듯 그의 말에 귀를 기울이기 시작했습니다. 또한 대적들은 손을 들고 떨며 철통 요새로부터 나와서 그에게 항복했습니다.

의인이 고난당하는 시대, 사탄의 궤계로 수많은 욥이 수난을 당하는 시대에 시인 다윗처럼 하나님으로 인해 승리의 노래를 부르게 되기를 소망합니다.

'시인 다윗이 왜 무려 50절의 긴 분량으로 하나님께서 자신을 멋지게 회복시키신 일들을 노래하였을까?' 생각해 보았습니다. 우리의 삶도 마찬가지 아닐까요? 하나님께서 우리에게 행하신 일들이 많으면 많을수록 할 이야기가 얼마나 많겠습니까? 그분에 대한 이야깃거리가 하도 많아 밤을 새며 나눌 수 있는 날이 어서 오면 좋겠습니다.

시편 18편은 영원히 עַד־עוֹלָם(아드 올람, 50절)란 단어로 끝을 맺습니다. 사실 우리가 살고 있는 세상은 '영원한' 법보다는 '한시적' 법 아래서 운영되고 있습니다. 우리는 명예, 부귀, 건강, 가족, 주택, 인간관계 등이 영원히 지속될 수 없다는 것을 잘 알고 있습니다. 따라서 지혜 있는 사람은 주어진 축복들을 한시성 속에서 소중히 여기며 잠깐이나마 행복해합니다. 미련한 사람들은 한시적 축복들을 누릴 줄 모르고 뽐내며 영원까지 그것을 가지고 가려고 바동거리다가 주인 어르신의 꾸지람을 듣고 인생을 하직하곤 하지요. 고난의 종 다윗은 하나님께서 그에게 승리를 허락하신 기쁨의 순간에 이 감격이 영원히 계속되게 해 달라고 기도하면서 시편 18편을 마감합니다.

이방 나라들 중에서 주께 감사하며 주의 이름을 찬송하리이다

אוֹדְךָ בַגּוֹיִם יְהוָה וּלְשִׁמְךָ אֲזַמֵּרָה(오데카 바고임 아도나이 우 레쉼카 아자메라,

시 18:49).

하나님의 말씀에 젖어

시편 19편

하늘이 하나님의 영광을 선포하고 궁창이 그의 손으로 하신 일을 나타내는도다
날은 날에게 말하고 밤은 밤에게 지식을 전하니 언어도 없고 말씀도 없으며 들
리는 소리도 없으나 그의 소리가 온 땅에 통하고 그의 말씀이 세상 끝까지 이르
도다 하나님이 해를 위하여 하늘에 장막을 베푸셨도다 해는 그의 신방에서 나
오는 신랑과 같고 그의 길을 달리기 기뻐하는 장사 같아서 하늘 이 끝에서 나와
서 하늘 저 끝까지 운행함이여 그의 열기에서 피할 자가 없도다 (1-6절).

시편 19편은 크게 세 부분으로 나뉩니다. 첫째 단락은 1-6절로 하늘
이 하나님의 영광을 노래하고 태양은 부지런한 심부름꾼으로 하나님
의 아름다움을 따스하게 전달한다고 묘사하고 있습니다. 둘째 단락은
7-9절로 하나님의 말씀의 특성과 기능에 대해서 묘사합니다. 셋째 단
락은 10-14절로 하나님의 말씀이 가져다주는 유익을 노래하고 있습니
다.

첫 단락인 1-6절에서 중심 메시지는 하늘과 궁창과 해가 주님의 창
조 솜씨를 자랑한다는 것입니다. 1절에서 다윗은 하늘이 하나님의 영
광을 선포하며 궁창은 그분이 하신 일을 전해 준다고 말하고 있습니다.

예루살렘의 멋은 변화무쌍한 하늘에 있습니다. 저녁 때 형형색색으로 변하는 하늘을 바라보며 감격에 젖을 때가 많이 있었습니다. 700-800미터까지의 고도에 세워진 예루살렘에서 바라보는 하늘은 더 가깝게만 느껴집니다. 영국의 하늘도 때론 잿빛이지만 간간히 보이는 파란 하늘과 그 사이를 헤엄쳐 가는 다양한 모양의 구름은 보는 이의 마음을 즐겁게 합니다. 주님께서 하늘에 어떤 그림을 그리시는지 상상하며, 구름마다 이름을 지어 주면서 주님의 작품에 박수를 치곤 했습니다.

2-3절에서는 낮과 밤이 주님의 창조 솜씨를 나타낸다고 설명합니다. 낮은 주님의 창조 세계의 아름다움을 화려하게 전시해 주며 밤은 어둡기 때문에 밤하늘의 은하수를 더욱 돋보이게 만듭니다. 태양은 온 땅을 운행하며 그 빛을 발함으로써 주님의 창조를 전하며(4절), 마치 신방에서 나온 신랑처럼 기쁨에 충만하여 용사같이 달리며(5절), 하늘이 끝에서 저 끝까지 따스한 기운을 전한다고(6절) 묘사합니다.

7-9절의의 주요 메시지는 "하나님의 말씀은 마치 따스한 햇살처럼 우리 영혼과 육신을 촉촉히 적셔 준다"는 것입니다. 시인은 하나님의 말씀의 특성을 다음과 같이 소개합니다.

첫째, "여호와의 율법은 완전합니다" תּוֹרַת יְהוָה תְּמִימָה(토랏 아도나이 트미마, 7절).

주님의 말씀은 우리의 영혼을 소생시키는 힘이 있습니다. 유대인 주석에는 하나님의 말씀이 우리의 양식이요 물이요 약이 된다고 말합니다. 이스라엘로 떠날 때 주님께 하나님의 말씀으로만 산다는 진리를 체험케 해 달라고 간구드린 적이 있습니다. 배고플 때, 외로울 때, 좌절했을 때, 병들었을 때, 도저히 해결의 실마리가 보이지 않을 때마다 무릎을 꿇고 주님의 말씀을 간절한 마음으로 읽으며 양식을 삼았습니다. 18년이 지난 지금 주님의 말씀 덕분에 이렇게 생존해서 주님의 아름다움을 전하고 있습니다.

둘째, "여호와의 증거는 진실합니다" עֵדוּת יְהוָה נֶאֱמָנָה(에둣 아도나이 네에마나, 7절).

부유한 농장주 밑에서 과수원 일을 하시던 부모님이 억울하게도 3년간 노임을 받지 못하셨습니다. 참다 못해 내가 재판을 청구한 일이 있었습니다. 월 15만 원의 월급을 3년간 한 푼도 지불하지 않은 주인은 오히려 거짓 증인을 동원하여 부모님이 사과 40상자를 훔쳤다며 횡령 혐의로 맞고소를 하였습니다. 나중에는 거짓으로 판단이 나서 주인이 어려운 지경에 처했지만 나는 난생처음 법정에서 거짓 증인의 증언을 들을 수가 있었습니다. 사람은 경우에 따라서 거짓말을 할 수 있지만 우리가 섬기는 하나님은 진실한 증인이십니다. 우리가 갈 길을 몰라 헤맬 때 주님은 어떤 길이 참 길인지 증언해 주실 수 있는 분입니다. 따라서 어리석은 우리는 주님의 증거로 인하여 지혜로운 선택을 할 수 있습니다.

셋째, "마음을 기쁘게 해 줍니다" מְשַׂמְּחֵי־לֵב(메쌈헤이 렙, 8절).

"사람은 그 입의 대답으로 말미암아 기쁨을 얻나니 때에 맞는 말이 얼마나 아름다운고"(잠 15:23).

하물며 주님의 입에서 나오는 말씀은 어떠하겠습니까?

“삼가 말씀에 주의하는 자는 좋은 것을 얻나니 여호와를 의지하는 자가 복이 있느니라”(잠 16:20).

넷째, “눈을 밝게 해 줍니다” מְאִירַת עֵינָיִם(메이랏 에이나임, 8절).

평소 눈 건강에 유념하고 있는 나로서는 이 말씀에 큰 위로를 받곤 합니다. 물론, 여기서 눈은 영안과 육안을 모두 포함하는 말이겠지요. 이 시간 기도합니다. 주의 말씀으로 이 어두운 눈을 밝히사 주의 기이한 것을 보게 하옵소서.

10-14절에서는 하나님의 말씀이 주는 유익을 어떻게 누릴 수 있는지 알 수 있습니다.

“주님의 말씀은 금이나 어떤 보석보다 멋있고 훌륭하며 꿀보다도 더 맛있습니다”(10절).

“말씀으로 경계함을 받고 그것을 지킴으로 많은 유익을 얻습니다”(11절).

“은밀히 숨겨진 실수들로부터 나를 정결케 해 주옵소서”(12절).

“악이 나를 주장하지 못하게 하옵소서”(13절).

“나의 입술의 모든 말과 마음의 묵상이 주님께 열납되게 하옵소서”(14절).

요즘 묵상하는 주제는 ‘솔로몬 후기 증후군’(솔로몬의 후기를 본받지 말라는 뜻으로 내가 만든 말)에 대해서입니다. 처음보다 끝이 좋아야 합니다. 신앙의 세계에서도 이것이 그대로 이루어졌으면 하는 바람입니다. 물질적

인 측면에서만 나중에 창대케 되기를 바랄 것이 아니라, 영적인 측면
에서도 주님 뵈올 날이 가까워질수록 더욱 순결하고 겸손해지는 우리
그리스도인이 되었으면 합니다.

제 입술의 모든 말이 주께 열납되기를 원하나이다

יְהיּוּ לְרָצוֹן אִמְרֵי־פִי (이흐유 레라쫀 이므레이 피, 시 19:14).

시인의 중보기도

시편 20편

1. 응답하시는 하나님 시 20:1

환난 날에 여호와께서 네게 응답하시고 야곱의 하나님의 이름이 너를 높이 드
시며 (1절).

영국에 있을 때 친구 부모님이 방문하셔서 집 주변의 아름다운 곳을
찾아가는 기쁨을 누린 적이 있었습니다. 두 시간 걸을 수 있는 소나무
숲과 아름다운 바닷가로 갔습니다. 빅토리아 여왕이 심은 365그루의
나무들이 양옆에 늘어서 있는 배드베리 웨이Badbury Way, 이 도로를 오
가노라면 마음까지 시원해지는 것을 느끼게 됩니다. 나쁜 것을 다 묻

고 지나가세요!

시편 20편에서 시인은 "환난 날에 여호와께서 너의 기도를 응답하시고 야곱의 하나님의 이름이 너를 높이시기를 원한다"면서 중보기도를 시작합니다. 하나님께서 우리의 기도를 응답하신다는 말씀은 얼마나 위로가 되는 말인지요. 우리에게 닥쳐오는 환난은 실로 종류가 다양합니다. 가정의 무너짐, 건강 상실, 실직, 전쟁, 사고, 외로움, 자녀로 인한 고통, 경제적 위기. 하지만 우리 하나님이 계시기에 어려움을 당할 때 주님께 간구를 드리면 우리의 처지를 하감하시고 돌보아주신다는 것입니다.

다음으로 시인은 "야곱의 하나님의 이름이 고난을 당한 자를 높여 주신다"고 고백합니다. '야곱의 하나님'은 얍복 강가의 하나님입니다. 에서의 분노를 삭게 만든 치유의 강가, 뻣뻣한 무릎을 꿇게 만든 겸허의 물가, 귀로만 듣던 하나님을 친히 만난 브니엘. 야곱처럼 하나님을 만난 장소가 있으면 좋겠습니다.

야곱의 '하나님'이 너를 높여 주신다고 하지 않고 '하나님의 이름'이 너를 높여 주신다고 하는 이유는 무엇일까요? 이름이 강조되는 이유는 무엇일까요? 이름을 안다는 것은 누구를 잘 안다는 말입니다. 모세도 소명을 받았을 때 하나님의 이름을 담보로 요구합니다. 그 요구는 하나님을 구체적으로 알게 해 달라는 것입니다. 주님을 잘 알지 못하고서는 이 막중한 사명을 감당할 능력이 없습니다. 마찬가지로, 우리가 주님을 안다는 것은 막연한 신의 이름을 아는 것이 아니고 야곱의 하나님, 즉 구체적인 나의 하나님을 잘 안다는 것입니다. 그래서 체험이 중요합니다. 사람들이 질문해 올 때 내가 만난 하나님을 자세하게 설명할 수 있어야 합니다. 그것이 바로 '야곱의 하나님의 이름'의 의미입니다.

환난 날에 여호와께서 네게 응답하실 것이다

יַעַנְךָ יְהוָה בְּיוֹם צָרָה(야안카 아도나이 베욤 짜라, 시 20:1).

2. 도우시는 하나님 시 20:2

성소에서 너를 도와주시고 시온에서 너를 붙드시며 (2절).

인생 험로에서 잠깐의 여유, 우리 모두에게 필요한 것 같습니다. 새 아침을 허락하셔서 맑은 공기 호흡하고 빵 한 조각에 치즈 얹어 차 한 잔과 함께하는 가벼운 식사지만 얼마나 행복한지요? 딸아이와 마주 앉아 담소하며 아침을 나누는 시간이 더없이 행복합니다. 집 문을 나서는 딸에게 '갓 블레스 유'God bless you로 인사하니 코끝이 찡해 오는군요. 정말로 하나님이 축복하심을 믿기 때문이죠.

집에서 50분 정도 떨어진 곳에 위치한 포틀랜드에 다녀왔습니다. 영국 남쪽에 있는 섬 포틀랜드는 침공해 오는 적을 맞서 싸웠던 격전지로 유명한 곳입니다. 포틀랜드에서 웨이머스로 연결된 모랫길은 정말로 환상 그 자체입니다. 작은 조약돌이 모래를 이불 삼아 누워 있는 긴 해안선이 양쪽 바다를 나누고 있으나 연결된 모랫길 덕분에 포틀랜드와 웨이머스는 서로 서먹하지 않은 친구가 된 셈이죠. 섬 위에서 내려다보는 바닷길은 정말 아름다웠습니다. 전망 좋은 호텔에서 먹는 커피도 다른 호텔과는 달리 아주 저렴했습니다.

섬에서 내려와 시내로 가는 바닷길을 통과하는데, 위에서 내려다본 모습과는 달리 아름답다는 느낌이 전혀 들지 않았습니다. 불현듯 이런 생각이 떠올랐습니다. 주님은 위에서 우리의 행로를 바라보시며 감탄하시나 우리에게는 멋없는 앞만 보이니 전혀 감동이 없다는 생각 말이죠. 만일 주님이 보실 때 우리 길이 주변과 어우러져 기가 막히게 아름답다면 우리 눈에 앞길이 멋져 보이지 않아도 괜찮지 않을까요?

본문에서 다윗은 이렇게 고백합니다.

"주님께서 거룩한 시온에서 우리에게 도움을 보내시고 우리를 먹이시는도다."

다윗이 믿음으로 이 고백을 드린 것은 그 아들 솔로몬이 세울 성전이 거룩한 시온, 즉 예루살렘 성에 있을 것을 바라보았기 때문이었습니다.

이스라엘 사람들이 회교 사원 밑자락인 서쪽 벽에 서서 통곡하는 현재 모습은 보는 이의 마음을 안타깝게 합니다.

폴란드 아우슈비츠 수용소를 방문했을 때 벽에 걸린 초췌한 모습의 유대인 사진과, 주인 잃은 신발을 담은 상자도 보았답니다. 시온을 잃은 절망적 상황이었습니다. 당시 마음속의 느낌을 시로 적었습니다.

주머니 속에 감춰진 채
얼굴만 빠끔 내민
다윗의 별
어제는
찬란한 빛 뽐내며
회당 제일 높은 곳
그 자리에 있었지만
오늘은 왠지 부끄러워
옷 춤 속에 머리 가린
다윗의 별

우리에게 하나님의 거룩한 처소인 교회가 있다는 것은 축복이며 행복입니다. 주님의 도움은 거룩합니다. 왜냐하면 도움을 보내시는 하나님이 거룩하시기 때문입니다. 또한 그 도움을 날마다 경험하는 것은 하나님의 은혜입니다.

주님의 도움이 거룩한 산에서 나오며 시온에서부터 우리를 먹이시는도다 יִשְׁלַח־עֶזְרְךָ מִקֹּדֶשׁ וּמִצִּיּוֹן יִסְעָדֶךָּ (이슐라흐 에즈레카 미코데쉬 우 미찌욘 이쓰아데카, 시 20:2).

3. 삶이 소제되게 하소서 시 20:3

네 모든 소제를 기억하시며 네 번제를 받아 주시기를 원하노라 (셀라)(3절).

기도할 제목이 많아 밤을 뒤척이는 것은 축복입니다. 사방으로 욱여싸임을 당한 것같이 보일 때도 기뻐할 수 있는 까닭이 있습니다. 그것은 주님 안에서 뒹구는 시간이기 때문입니다. 아침을 다시 허락하신 주님 앞에 무릎 꿇고, 주인님께서 머슴이 자리하는 공간과 시간에 임재하셔서 다스려 달라는 기도를 겸손히 청했습니다. 머슴의 식솔들과 부모님까지 부탁드린 후 하루를 시작해 봅니다.

어제는 작은아들 효철이가 감기에 걸렸기에 방 환기를 시키고 선인장을 책상 위에 놓아 주었습니다. 자녀들이 정서적으로 영적으로 더 좋은 환경에서 아름다운 꿈을 꾸며 자라나기를 바라는 마음으로 주님 앞에 무릎을 꿇어 봅니다. 이스라엘의 대표 식물은 선인장입니다. 어려운 광야도 개의치 않고 꿋꿋하게 자라는 선인장. 꽃을 피우기까지 참으로 오랜 세월이 걸려도 결국에는 살아남는 끈질긴 생존력. 유대인들은 자녀에게 이렇게 교훈합니다. "선인장의 가시를 통해 민족이 겪은 고난을 기억하여라." "선인장의 강인한 생존력을 본받아라." "겉은 딱딱하지만 속은 한없이 부드러운 지혜를 가져라." 이런 교훈을 배우고 싶어서인지 여러 종류의 선인장을 집에서 기르고 있습니다.

시편 20편 3절에서 '소제'로 번역된 민하מִנְחָה의 원래 의미는 '선물'입니다. 예배는 우리가 하나님께 드리는 최상의 선물입니다. 노아는 홍수의 절망을 예배로 이겨 냈습니다. 은혜로 살아남은 노아가 정결한 짐승을 취하여 예배드렸을 때 주님은 그 향기를 흠향하시고 인생을 축복하기로 결정하셨습니다. 예수님도 하늘 아버지께서 신령과 진정으로 예배하는 자들을 찾으신다고 말씀하셨습니다.

네 모든 소제를 기억하시며

יִזְכֹּר כָּל־מִנְחֹתֶךָ(이즈코르 콜 민호테카, 시 20:3).

4. 삶이 명화되게 하소서 시 20:4

네 마음의 소원대로 허락하시고 네 모든 계획을 이루어 주시기를 원하노라
(4절).

하루 종일 우리의 마음을 오가는 그림들을 모아 미술관에 전시해 보면 어떨까요? 새벽 미명에 떠오른 첫 그림을 정문 현관에 걸어 놓고 아침 점심 저녁 밤 순으로 떠오른 생각들을 그림으로 전시한다면 정말 자신 있게 보여 줄 수 있는 작품은 얼마나 될까요? 가리고 싶거나 찢어 버리고 싶은 그림은 몇 개일까요? 인생의 그림을 그려 봅니다.

가정을 향한 그림.

교회를 향한 그림.

사회를 향한 그림.

국가를 위한 그림.

조용히 주님 앞에 무릎 꿇어 간구합니다.

"인생의 절반 이상 그려 온 그림 중 지우고 싶은 낙서들이 참 많이 있습니다. 지워 주시거나 새 화폭을 주세요."

주님이 말씀하십니다.

"아니다. 지금부터라도 좋은 그림을 그리렴. 내가 도와줄게."

주님이 운영하시는 미술학원에 학생으로 등록해 색감부터 익힙니다. 붓 잡는 법을 배우고 잘 그린 그림을 쳐다봅니다. 주위를 두리번거려 봅니다. 모델을 찾아서……

다윗은 이렇게 고백합니다.

"주께서 그대들이 마음에 그린 그림대로 이루시고 밤새 고민해 세운 계획을 멋지게 성취시켜 주시기를 원하노라"(4절).

네 마음에 담긴 것을 그대로 이루시길

יִתֶּן־לְךָ כִלְבָבֶךָ(이텐 레카 키레바베카, 시 20:4).

5. 시인의 중보기도 시 20:5

우리가 너의 승리로 말미암아 개가를 부르며 우리 하나님의 이름으로 우리의 깃발을 세우리니 여호와께서 네 모든 기도를 이루어 주시기를 원하노라(5절).

본문에서 중보 기도자는 환난에 처한 자의 간구를 주께서 응답으로 가득 채우실 것을 바라보면서 하나님의 이름이 새겨진 깃발을 높이 들고 목청 높여 주님의 구원을 노래합니다. 여기서 양쪽에서 기도를 드리는 모습을 주목해 봅니다.

한쪽은 '우리'라고 표현되어 있는 사람, 즉 노래를 부르고 있는 사람들이고, 또 한쪽은 2인칭으로 표현되어 있는 환난에 처한 사람입니다.

췌장암으로 고생하는 아내를 둔 남편에게서 메일을 받았습니다. 한국을 방문했다가 영국으로 돌아오는 날 아침 그 가정을 방문해서 그분을 남편의 무릎에 눕게 한 뒤 췌장에 손을 얹고 간절히 기도를 드렸습니다. 그 가정에 첫 발을 들이는 순간 정면 벽을 장식해 놓은, 가시관 쓰신 예수님 그림을 보았습니다. 아픈 아내를 염두에 두고 그렸을 남편의 그림이었습니다. 맑고 선한 눈망울을 가진 남편은 홍대 입구에서 화랑을 운영하는 예술가로, 40대 중반을 함께 걷는 동료였기에 더욱 마음이 갔습니다. 입장을 바꾸어 보면서 얼마나 힘들까 생각해 봅니다.

'주님, 제 마음이 이렇게 아픈데 우리 하나님의 마음은 어떨까요?'

쉽지 않은 기도지만 그래도 하나님은 좋은 분이시고 긍휼의 어버이시기에 오늘도 그분의 어지심에 의지해 흘러넘치는 구원을 바라보며 고난당하는 이웃을 위해 기도합니다.

여호와께서 네가 구하는 모든 것을 이루시기를 원하노라

יְמַלֵּא יְהוָה כָּל־מִשְׁאֲלוֹתֶיךָ (예말레 아도나이 콜 미슈알롯테카, 시 20:5).

6. 깨달음의 은혜 시 20:6-9

여호와께서 자기에게 기름 부음 받은 자를 구원하시는 줄 이제 내가 아노니 그
의 오른손의 구원하는 힘으로 그의 거룩한 하늘에서 그에게 응답하시리로다 어
떤 사람은 병거 어떤 사람은 말을 의지하나 우리는 여호와 우리 하나님의 이름
을 자랑하리로다 그들은 비틀거리며 엎드러지고 우리는 일어나 바로 서도다 여
호와여 왕을 구원하소서 우리가 부를 때에 우리에게 응답하소서 (6-9절).

우리가 기도하는 내용이 아주 많아도 주님께서는 과연 다 기억하실
수 있을까요? 마음속으로만 신음해도 주님은 듣고 계실까요?

시인의 신앙을 정리해 보겠습니다.

"하나님은 택하신 자를 구원하십니다"(6절).

이제야 알았나이다. 여호와께서 그의 기름 부으신 자를 구원하신다
는 것과 여호와의 오른손이 가지신 구원의 능력과 그의 거룩한 하늘에
서 주께서 친히 기름 부으신 택하신 자들이 환난에서 부르짖을 때 응
답하신다는 사실을.

"하나님만 의지합니다"(7절).

사람들은 병거와 말을 의뢰하나 우리는 우리 하나님 여호와의 이름
을 의지하고 그분의 이름이 널리 기억되도록 힘쓰겠습니다.

"시련이 와서 넘어져도 다시 일어서겠습니다"(8절).

병거를 의지하는 사람들은 실패하지만 주님을 신뢰하는 사람들은 넘어져도 다시 일어나고 환란을 맞서 싸우게 될 것입니다.

"하나님은 나의 왕이십니다"(9절).

왕이신 여호와여 우리가 부르짖는 날에 응답하시고 구원하여 주옵소서.

4일간의 스페인 여행을 마치고 돌아왔습니다. 뜻밖에, 또 분에 넘치는 여행이었기에 주님께 여쭈어 보았습니다. 이번에 여행을 보내시는 이유에 대해서⋯⋯. 아내의 재치와 지혜 덕분에 스페인 북부 카탈로니아 지방의 아름다운 해안과 깨끗하고 조용한 바닷가를 마주한 숙소에 머물 수 있었습니다. 인터넷 마케팅을 통해 별 네 개짜리 호텔을 85퍼센트 할인된 저렴한 가격으로 들어갈 수 있는 특혜까지 덤으로 받았습니다. 지중해 해안을 거닐다가 불현듯 10여 년 전 이스라엘 지중해 해변 텔아비브에서 드린 기도가 생각났습니다.

"주님 언제야 가족과 함께 이 아름다운 지중해 바닷가에 머물 수 있을까요?"

10년 후를 미리 바라볼 수 있었더라면 그때 그렇게 기죽지 않았을 텐데. 아니 믿음이 조금 더 있었더라면 어떠한 상황에 처한다 할지라도 항상 기뻐하고 즐거워했을 텐데. 나의 믿음 없음이 부끄러웠습니다.

그날 저녁, 같은 호텔에 묵고 있는 예루살렘에서 여행 온 수십 명의 유대인들을 만나면서 이번 여행을 왜 허락하셨는지 또 한 가지 이유를 깨닫게 되었습니다. 아, 그렇구나! 히브리어로 신나게 떠드는 유대인들을 보며 어렴풋하게나마 그들의 자긍심을 알아챌 수 있었습니다. 사방이 온통 적으로 둘러싸여 있고 늘 테러의 위험 속에 살다 보니 지나칠 정도로 단결력이 강했고 어려운 난관을 헤쳐 온 용장처럼 자부심 또한 대단했습니다. 그러나 그들 마음 한구석에 숨어 있는, 누군가를 기다리고 있는 초조감·영원한 평화와 자유·테러 없는 나라·생존권의 위협을 받지 않는 샬롬 왕국에 대한 그리움을 엿볼 수 있었습니다. 첫날은 그냥 옆에서 조용히 그들의 대화를 엿들으면서 그들을 위해 기도드렸습니다.

둘째 날에 입이 간지러워 히브리어를 몇 마디 던지자 그들은 마냥 놀라면서 호기심이 밴 질문들을 쏟아 냈습니다. 어떻게 히브리어를 아느냐는 질문에 "저도 예루살렘 사람입니다"라고 대답하자 금세 우리는 친구가 되었습니다.

그날 저녁 나는 잠을 이룰 수 없어 뒤척이다가 새벽 3시부터 5시까지 하나님이 주신 비전을 보게 되었습니다. 그것은 지중해 연안에 있는 국가들이었습니다. 지중해 서쪽의 스페인, 지중해 남쪽의 북아프리카 해안 국가들인 모로코·알제리·튀니지·리비아·이집트, 지중해 동쪽의 가자(팔레스타인)·이스라엘·레바논·시리아, 지중해 북쪽의 터키·그리스·이탈리아·모나코·프랑스, 그리고 지중해 안에 있는 수많은 섬들. 지중해성 기후와 음식이 인간에게 가장 알맞다고 통계를 제시하며 주장하는 환경학자들의 말 그대로 지중해는 정말 자연 환경이 환상적입니다. 의당 환경이 좋으면 감사가 넘치고 영적인 삶의 질도 높아지면 좋으련만 인간의 역사는 그렇지 않은 것 같았습니다. 스페인과 프랑스와 이탈리아는 신앙의 생동감이 결여된 느낌이었고 북아프리카 해안의 국가들은 모두 모슬렘 국가들이었습니다. 지중해 동쪽의 국가들 역시 모슬렘 국가이거나 유대교 국가, 북쪽의 터키도 모슬렘 국가이고 그리스 역시 동방정교회로 복음의 생동감을 잃어버린 지 오래입니다. 하지만 지중해는 하나님의 사명을 거절하고 도망가는 요나를 회개시킨 바다였고 사도 바울의 전도여행의 뱃길이었습니다. 또한 사도 요한이 환상을 본 후 요한계시록을 기록하며 다시 오실 그리스도를 기다리던 에게해도 지중해 안에 있습니다.

우리를 기다리는 지중해 연안 국가들은 스페인어, 프랑스어, 이탈리아어, 터키어, 아랍어, 히브리어를 구사할 수 있는 사람들을 요청하는 곳입니다. 그들의 문화, 역사, 종교, 풍습, 정치, 경제에 대한 구체적인 정보를 토대로 지중해 사람들을 주님께로 돌아오게 할 어떤 모임이 필요하다는 생각으로 밤새 잠을 이루지 못했습니다. 따라서 내가 마음속으로 구상한 지중해 선교를 위한 모임의 이름을 'MM 비전'Mediterranean Mission vision으로 정하고 기도에 들어갔습니다.

부르짖는 날에 응답하옵소서

יַעֲנֵנוּ בְיוֹם־קָרְאֵנוּ(야아네누 베욤 코르예누, 시 20:1)

 시편으로 고백하는 하나님 사랑

왕의 기도

시편 21편

왕이 여호와를 의지하오니 지존하신 이의 인자함으로 흔들리지 아니하리이다 (7절).

서점에 나가 베스트셀러를 살펴보면 요즘 우리나라 사람들이 무엇에 목말라 하는지 알 수 있습니다. 얼마 전까지 《내려놓음》이란 책이 화제가 되었는데 요즘은 《배려》, 《감사의 힘》과 같은 제목의 책들이 그 뒤를 잇고 있습니다. 경쟁 사회에서 긴장하며 살아가는 우리들에게 내려놓음, 배려, 감사의 가치는 경주자의 숨 고르기라고 볼 수 있습니다. 리더십 분야에서도 '섬기는 리더십'이란 개념이 도입되고 있습니다. 예수님께서는 이미 이러한 리더십을 말씀과 행함으로 몸소 보이셨습니다. 빌립보서를 근거로 예수님의 리더십의 특징을 이렇게 정리할 수 있습니다.

첫째, 겸손한 리더십.

"그는 근본 하나님의 본체시나 하나님과 동등 됨을 취할 것으로 여기지 아니하시고"(빌 2:6).

둘째, 온유한 리더십.

"오히려 자기를 비워"(빌 2:7).

셋째, 순종의 리더십.

"죽기까지 복종하셨으니"(빌 2:8).

시편 21편은 왕의 기도입니다. 세상을 통치하는 왕일지라도 하나님께 겸손히 기도하는 내용을 담고 있습니다. 왕은 내세울 것과 의지할 것을 많이 가진 사람인데도 그것을 내려놓고 하나님만을 신뢰하며 기도하는 모습이 참 아름답습니다.

왕의 기도를 통해서 교훈을 찾아봅니다.

첫째, "왕이 하나님의 힘을 기뻐하고 있습니다" יְהוָה בְּעָזְּךָ יִשְׂמַח־מֶלֶךְ(아도나이 베오즈카 이쓰마흐 멜렉, 1절).

본문에서 시인이 강조하는 바는 지도자들은 자신이 소유한 지혜, 지식, 보화, 경험, 권세를 의지하거나 기뻐하지 말고 위에서 내려오는 하나님의 힘과 능력과 권세를 즐거워해야 한다는 점입니다.

둘째, "주님의 구원을 심히 즐거워합니다" בִּישׁוּעָתְךָ מַה־יָּגֶיל מְאֹד(비슈아트카 마 야겔 메오드, 1절).

여기서 구원으로 번역한 히브리어 예슈아יְשׁוּעָה(사 49:8)의 의미는 '도움, 구조, 축복, 행복'입니다. 어려움과 위기가 닥쳐올 때 지도자는 하나님의 도움과 구조와 복을 간구하고 믿음으로 그것을 바라보며 즐거워해야 한다고 강조합니다.

셋째, "하나님을 신뢰하고 있습니다" הַמֶּלֶךְ בֹּטֵחַ בַּיהוָה(하멜렉 보테아흐 바아도나이, 7절).

지도자는 철저하게 하나님을 신뢰해야 합니다. 왜냐하면 모든 승패가 하나님께 달려 있기 때문입니다. 나라도 기업도 교회도 가정도 개인도 마찬가지입니다. 지도자를 국민이 선택하는 것처럼 보여도 그 권세가 위로부터 주어진다는 것이 성경의 가르침입니다.

"권세는 하나님으로부터 나지 않음이 없나니 모든 권세는 다 하나님께서 정하신 바라"(롬 13:1).

왕이나 대통령, 성직자, 기업 경영자 등 어느 지도자든 간에 시편 21편이 주시는 세 가지 교훈을 배워야 합니다.

첫째, 하나님으로부터 통치, 목회, 경영의 힘이 나온다.

둘째, 하나님의 구원을 사모하고 간구해야 한다.

셋째, 하나님을 의지하고 그분과 늘 동행해야 한다.

이 세대에 누가 시편 21편의 주인공이 될 수 있습니까? 바로 왕의 기도를 드리는 사람입니다.

"그러나 너희는 택하신 족속이요 왕 같은 제사장들이요 거룩한 나라요 그의 소유가 된 백성이니 이는 너희를 어두운 데서 불러내어 그의 기이한 빛에 들어가게 하신 이의 아름다운 덕을 선포하게 하려 하심이라"(벧전 2:9).

그 마음의 소원을 들어 주셨도다

תַּאֲוַת לִבּוֹ נָתַתָּה לּוֹ(타아밧 리보 나타타 로, 시 21:2).

주님은 나의 하나님

시편 22편

1. 새벽의 암사슴 시 22:1-2

내 하나님이여 내 하나님이여 어찌 나를 버리셨나이까 어찌 나를 멀리하여
돕지 아니하시오며 내 신음 소리를 듣지 아니하시나이까 내 하나님이여 내
가 낮에도 부르짖고 밤에도 잠잠하지 아니하오나 응답하지 아니하시나이다
(1-2절).

시편 22편은 예수 그리스도의 십자가 상의 절규를 생각나게 하는 눈
물의 시입니다. 하나님이 하나님이시기를 포기하고 이 땅에 내려오셔
서 영광 대신 치욕을, 흠모 대신 멸시를, 칭찬 대신 모욕을, 기쁨 대신
수난을 겪으실 뿐 아니라 인류 구속을 위해 십자가에서 처절하게 울부

짓는 모습이 흠뻑 묻어나는 시입니다. 놀라운 것은 시인이 미래에 오실 메시아이신 예수 그리스도의 수난을 염두에 두고 이 시를 썼다는 사실입니다. 어떤 영적 깊이가 있었기에 인류 구속의 소식인 예수 그리스도의 고난을 이렇게 명쾌하게 표현할 수 있을까? 제목 또한 우리의 마음을 붙잡습니다.

이 시의 제목은 '새벽의 암사슴' אַיֶּלֶת הַשַּׁחַר(아옐렛 하샤하르)입니다. 이런 제목을 붙인 이유는 무엇일까요? 사해 바다 언저리 유대 광야를 등지고 동쪽으로 느보산을 바라보는 곳에 쿰란 동굴이 있습니다. 주전 250년부터 주후 68년까지 흰옷 입은 무리들이 삼삼오오 짝을 지어 성경을 필사하던 곳. 그곳 사람들은 새벽을 맞이하며 제일 처음으로 주님을 찬양하는 말을 하고 하루를 시작했습니다. 새벽의 암사슴은 광야에서 동이 터 오는 모습을 바라보며 하루에 전개될 난관을 헤쳐 나갈 고민에 빠집니다.

'오늘 어떤 일이 일어날까?

물은 제대로 찾을 수 있을까?

혹시 굶주린 표범에게 먹이가 되지는 않을까?'

이른 새벽 추위에 몸을 웅크리고 깊은 잠에 빠진 어린 사슴들을 바라보는 암사슴의 모습은 더더욱 초췌해 보입니다. 시편 22편은 광야 인생길 새벽을 맞이하며 초조해하는 암사슴 같은 처지인 우리가 마음껏 목 놓아 부르는 노래라는 생각이 듭니다.

"나의 하나님, 나의 하나님

어찌하여 나를 버리셨으며

내가 부르짖을 때에 구원하시지 않으시나이까?
나의 하나님이시여
낮과 밤을 가림 없이 늘 사정을 아뢰어도
주님께서 응답지 않으시니 이 어인 일이시나이까?"

십자가 상의 극심한 고통 가운데서 자비의 아버지를 향하여 절규하는 아들 예수 그리스도의 부르짖음이 우리 기도가 되게 하옵소서!

나의 하나님 나의 하나님 어찌하여 나를 버리셨나이까?
אֵלִי אֵלִי לָמָה עֲזַבְתָּנִי(엘리 엘리 라마 아잡타니, 시 22:1).

2. 그리 아니하셔도 시 22:3

이스라엘의 찬송 중에 계시는 주여 주는 거룩하시니이다 (3절).

때로 하나님의 도우심이 멀게만 느껴질 때, 아무리 부르짖어도 하나님이 침묵하실 때 주님 앞에서 어떤 마음가짐과 태도를 가져야 할지를 잘 말해 주는 시편이 22편입니다. 본문 3절에서 시인은 세 가지 점을 강조하고 있습니다.

첫째, 주님은 거룩하신 분입니다.

우리를 돕지 않으시고 우리 기도에 응답하시지 않더라도 하나님은 거룩하시다는 것입니다.

둘째, 주님은 좌정하신 분입니다.

주께서 좌정하셨다는 의미는 심판하시는 분이라는 것입니다. 우리는 예수님의 십자가 상의 절규가 외면당한 것을 알지만 그 후의 결말도 잘 알고 있습니다. 주님의 외면당하심은 우리에게 은혜입니다. 예수 그리스도가 죽음을 이기고 부활하셨으므로 우리 같은 미물들이 하나님의 자녀로 다시 태어날 수 있기 때문입니다. 마침내 시시비비를 가리실 분이 우리 앞에, 위에 계심을 알기에 답답하고 괴로워도 묵묵히 참고 인내해 낼 수 있습니다. 주님의 뜻이 분명히 보이는 날이 있기 때문입니다.

셋째, 하나님은 이스라엘의 찬송이십니다.

이 말은 우리의 상황에 관계없이 하나님은 영원히 찬송 받으실 분이라는 의미입니다. 우리 기도에 응답하시지 않더라도 영원히 주님을 송축하며 노래해야 한다는 것입니다.

어머님이 아프셔서 일 년에 스무 번 입원과 퇴원을 반복하실 때 나는 이스라엘에서 공부하는 학생이었습니다. 9인실 병실에 계시는 어머님을 만나 뵈었습니다. 남대문시장에서의 고된 일과, 파출부, 수금사원의 험로를 걸으신 어머님. 작은아들의 죽음 앞에서 얼마나 마음이 아프셨을까? 죽음을 앞둔 당신께 찾아온 맏아들에게 "목사가 되기 전에 인간이 되거라"라는 말씀을 유언으로 남기고 대학 병원에 몸을 기증하셨습니다. 사실 동생이나 어머니 모두 좀더 오래 사는 것이 나의 기도였지만 동생도, 어머니도 하늘나라로 갔습니다. 기도대로 응답 받지는 못했지만 하나님은 여전히 우리 가정의 하나님이셨습니다. 기도한 대로 어머님이 뜻을 이룬 아들의 모습을 보셨으면 좋았겠지만, 그럼에도 하나님은 좋으신 하나님이셨음을 고백합니다.

시편 22편의 고백은 우리의 고백이 되어야 합니다. 우리 기도대로 응답하지 않으셔도 주님은 거룩하시며 언젠가는 주님의 뜻을 보이시는 재판장이며 영원히 찬송 받으실 하나님입니다.

주님은 거룩하시며 좌정하신 이스라엘의 찬송이십니다

אַתָּה קָדוֹשׁ יוֹשֵׁב תְּהִלּוֹת יִשְׂרָאֵל(아타 카도쉬 요쉡 테힐롯 이스라엘, 시 22:3).

3. 나의 하나님 시 22:4-10

나는 벌레요 사람이 아니라 사람의 비방거리요 백성의 조롱거리니이다 나를 보는 자는 다 나를 비웃으며 입술을 비쭉거리고 머리를 흔들며 말하되 그가 여호와께 의탁하니 구원하실걸 그를 기뻐하시니 건지실걸 하나이다 (6-8절).

시인이 처한 상황은 너무도 처절합니다.

"마치 내가 벌레인 양 사람들은 나를 멸시하고 외면하며, 쳐다보는 사람마다 비웃으며 '그가 주님을 신뢰하니 구원하실거야'라고 말합니다"(6-8절).

이러한 상황에서 '주님은 나의 하나님'이라고 고백할 수 있을까요? 그 해답을 본문에서 찾아보겠습니다.

첫째, 조상들이 경험한 하나님을 조용히 묵상해 보십시오.

"우리 조상들이 주님을 신뢰하고 의지함으로 주님께서 그들을 구원하셨습니다"(4절).

현실의 문제가 아무리 커 보여도 대부분은 이미 검증된 문제에 불과합니다. 문제에 봉착할 때 우리보다 더 심각한 문제에 직면했던 신앙의 선조들을 생각해 보고 그들이 어떻게 문제들을 해결해 나갔는지를 성경에서 배워야 합니다.

둘째, 조상처럼 우리도 주님을 의지합시다.

"주님께 부르짖으니 구원받았고 하나님을 신뢰하니 수치를 당하지 않았습니다"(5절).

문제에 봉착해 있는 경우가 많이 있습니다. 도울 힘이 없이 안타깝게 바라만 보는 상황일지라도 이 말씀은 큰 위로와 힘을 줍니다.

셋째, 과거에 함께하신 주님을 기억하십시오.

본문 9-10절에서 시인은 어릴 적부터 주님께 맡겨진 인생을 살아왔다고 고백합니다.

"어머니의 자궁에서 나올 때부터, 어머니의 젖을 물 때부터 하나님은 나의 하나님이 되셨도다"(9절).

아무리 힘들고 앞이 캄캄해 보여도 하나님은 나의 하나님이십니다. 히브리서 기자의 말을 들어 보겠습니다.

"믿음이 없이는 하나님을 기쁘시게 하지 못하나니 하나님께 나아가

는 자는 반드시 그가 계신 것과 또한 그가 자기를 찾는 자들에게 상
주시는 이심을 믿어야 할지니라"(히 11:6).

나의 하나님이시여 אֱלֹהַי(엘로하이, 시 22:2).

4. 욱여싸임을 당했을 때 시 22:11-21

나를 멀리하지 마옵소서 환난이 가까우나 도울 자 없나이다 (11절).

시인은 은유를 사용해서 자신이 처한 입장을 설명합니다.
"바산의 힘센 황소들이 피곤에 지친 나를 둘러싸고
날카로운 이빨과 발톱을 가진 사자가 나를 공격하며
개들이 물려고 덤벼듭니다."
시인의 마음은 이미 왁스처럼 녹아 힘을 잃었고 혀는 항거할 말을
잊은 채 입천장에 붙고 손과 발은 꽁꽁 묶여 있는데 대적들은 그의 옷
을 서로 가지기 위해 제비 뽑으며 비아냥거립니다. 이 처절한 절망의
순간에 시인은 하나님을 향하여 "주님은 나의 하나님이십니다"라고 고
백하며 구원을 호소합니다.
"당신은 하나님이십니다
나를 멀리하지 마옵시고
어서 속히 나를 도와주십시오.

나의 생명을 칼에서 구원하옵시고

홀로 남은 나를 개에게서 구해 주옵소서.

사자의 입에서 구원해 주시고

들소의 뿔에 받히는 상황에서 응답하소서"(19-21절).

이미 사자 입 속으로 들어가는 순간과 들소 뿔에 받혀 피가 철철 흐르는 절망적 상황, 개에게 뜯기며 이리저리 끌려 다니는 상황일지라도 우리는 기도할 수 있습니다. 신앙의 절개를 지키다가 사자굴 속에 들어간 다니엘의 고백을 들어 보겠습니다.

"나의 하나님이 이미 그의 천사를 보내어 사자들의 입을 봉하셨으므로 사자들이 나를 상해하지 못하였사오니……"(단 6:22).

멀리하지 마소서 אַל־תִּרְחַק(알 티르학, 시 22:11).

5. 예수님으로 인해 시 22:22-31

나라는 여호와의 것이요 여호와는 모든 나라의 주재심이로다 (28절).

시편 22편은 고난과 그 이후의 내용을 담고 있습니다. 첫째 단락(1-21절)에서는 시인이 고난 가운데서 하나님을 향하여 울부짖는 눈물의 호소가 주를 이룹니다. 둘째 단락(22-31절)에서는 고난 후에 오는 열매를 분명하게 보여 줍니다. 둘째 단락은 절박한 상황에서 부르짖었던 기도가 결국에는 응답을 받고 이로 인해 복음이 땅 끝까지 편만하게 되는 결과를 설명해 주고 있습니다.

22절에서는 자신을 구원하신 분의 이름을 형제에게 증거하고 회중 가운데서 주님을 송축하겠다고 말하며, 23절에서는 주님이 하신 일에 대해 들은 자들이 모두 주님을 찬송하고 경배하며 여호와 앞에서 두려워 떨게 된다는 점을 강조합니다. 24절은 사람들이 여호와를 찬송하고 경배하는 이유에 대해서 말합니다.

"이는 주께서 가난한 자의 고난을 멸시하거나 무시하지 않으실 뿐더러 곤고한 자가 부르짖을 때 그의 얼굴을 숨기지 않으시고 귀를 기울이셨기 때문입니다"(24절).

25절은 찬송의 깊이와 넓이가 확장되어 고난 가운데 했던 서원을 성도들 앞에서 실행하는 보은의 모습을 보여 줍니다. 26절은 온유한 자(혹 가난한 자)들이 먹고 배부르게 될 것과 여호와를 찾는 자들이 주를 찬송하며 그들의 마음이 소성케 될 것을 말합니다. 따라서 이 소문을 들은 온 땅의 백성들과 거민들이 주님이 하신 일을 기억하고 주께 돌아와 경배하게 될 것과(27절), 하나님께서 온 땅의 왕으로 좌정하시며 열국을 다스리게 되시며(28절), 온 땅의 거민들이 주님 앞에 나와 예배를 드리고 죽을 인생들이 무릎 꿇어 주님을 경배하게 될 것을 말합니다(29절). 열국의 자손들도 주님께 경배하고 주인이신 하나님 앞에서 아신바 되며(30절) 자손들은 새로 태어나는 세대에게 주님의 의로우심을 전파하며 그분께서 행하신 일을 말하게 될 것입니다(31절).

비록 주님께서 십자가에서 처절한 절규의 부르짖음 가운데 죽으셨으나 죽으신 예수님을 다시 살리신 하나님의 놀라운 역사로 인해 오히려 열방이 주께 돌아오는 결과를 갖게 됨을 시편 22편은 말합니다. 한 알의 밀알로 땅에 떨어지신 예수님은 세상을 구원하실 구세주이십니다. 하나님께서 예수님을 버리신 까닭은 열방을 얻으시기 위함이었습니다.

여호와를 경외하는 자들아 그를 찬양하라

יִרְאֵי יְהוָה הַלְלוּהוּ (이르에이 아도나이 할렐루후, 시 22:23).

하나님은 선하신 목자이십니다

시편 23편

1. 여호와는 나의 목자시니 시 23:1 상

여호와는 나의 목자시니······(1절).

주님의 은혜로 베들레헴 인근에서 1년간 살 수 있는 축복을 누린 적이 있었습니다. 얼마나 가슴 뛰는 일이었는지 모릅니다. 하나님께서 인간의 모습으로 내려오신 장소를 지척에 두고 그분께서 호흡하셨던 공기를 들이마시고 목마를 때 축이셨던 물을 마실 수 있다는 것은 은혜였습니다. 베들레헴은 주거 환경으로는 쾌적한 곳이 아님에도 예수님이 이곳에서 탄생하셨다는 한 가지 사실만으로도 충분히 사랑스러운 곳이었습니다. 유대 광야 가운데의 산비탈에 세워진 산동네이기에 산동네 출신인 내게는 한결 정겨운 마을이기도 했습니다. 그곳에 사는 아랍 사람들이 아침마다 따끈하게 구워 내놓는 빵 호베즈에 올리브기름과 콩을 갈아 만든 호무스를 발라 한 입 넣고 음미할 때는 왕의 식탁이 부럽지 않았습니다.

낮에 내리쬐는 뜨거운 태양빛에서 영양분을 얻고 저녁에 내리는 은혜의 이슬로 마른 목 축이며 자라나는 산기슭의 올리브나무와 과원의 포도나무에서 열매가 무르익기를 기다리며 나무 그늘에 앉아 보기도 했습니다. 신앙을 따라 시어머니를 따라 나섰던 모압 여인 룻이 보아스를 만난 들판에서 희년의 기쁜 소식을 들을 수 있었습니다. 이상이 희귀하던 시대에 하나님의 음성을 들으며 이스라엘 백성을 목양했던 선지자 사무엘이 이새의 아들에게 기름을 붓기 위해 한 손에 수양의 뿔과 다른 손에 올리브기름 병을 들고 마을 초입으로 들어오는 모습을 그려 보았습니다.

목동으로서 양을 길러 본 경험이 있는 사람이 자신의 경험을 토대로 '하나님은 이러하시다'고 말할 수 있다는 것은 기적입니다. 왜냐하면 목동 일을 정말 잘한 사람만이 하나님의 목양을 이야기할 수 있기 때문입니다. 그러나 실제로 목동이 맡은 일을 성실하게 감당하는 것은 쉽지 않습니다. 더욱이 자신의 일에서 하나님의 모습을 투영시킬 수 있는 것은 불가능에 가깝습니다. 따라서 위의 고백은 은혜로만 가능합니다. 나는 성경을 연구하는 사람이기에 간혹 예수님이 성경 학자라면 본문을 어떻게 해석하실까 생각하며 묵상을 하곤 합니다. 목동이었던 다윗이 "하나님은 나의 목자시다"라고 노래하는 것은 양을 치면서 참된 목자가 얼마나 소중한지를 절실하게 느낀 경험에서 나왔을 가능성이 있습니다. 이 고백은 나의 일을 주님께서 맡아 주시기를 간구하는 기도일 수도 있다는 생각을 해 보았습니다.

여호와께서 나의 왕, 나의 주, 나의 목자라는 의미는 무엇일까요?

하나님이 나의 왕이시라면 그분의 나라는 어떤 모습일까요?

목자는 양을 푸른 초장이 있는 곳으로 인도합니다.

우리는 인생의 푸른 초장이 어떠하기를 원합니까?

우리 인생길에 진정으로 쉴 곳은 어디입니까?

우리는 어디로 가고 있습니까?

그 길이 주님의 이름과 관련된 길입니까?

인생에서 가장 어려웠던 때를 회상해 봅시다. 어려움은 과거에도 있었고 현재에도 있지만 앞으로도 어려움이 예상될 때 기억해야 할 말씀이 시편 23편입니다. 인생 걸음걸이가 힘드시나요? 하나님을 목자로 모셔 들이십시오. 쉴 만한 물가로 인도하시는 하나님, 내 영혼을 소생시키시고 용기백배하여 다시 일어서게 하시는 하나님, 인생의 목적과 방향을 정해 주시는 하나님을. 그러면 우리도 다윗처럼 시편 23편의 주인공이 될 것입니다.

여호와는 나의 목자시니 יְהוָה רֹעִי(아도나이 로이, 시 23:1).

2. 부족함이 없으리로다 시 23:1 하

……내게 부족함이 없으리로다 (1절).

착한 목자는 양이 굶주리지 않도록 열심히 일합니다. 푸른 풀이 있는 초장을 찾는 일부터 시작하여 양들이 목마르지 않도록 시냇가로 인도하는 일까지 하루 종일 분주합니다. 저녁이 되면 배고픈 이리들이 양을 잡아가지 않도록 양 무리 단속에 나서고 울타리도 단단히 잠가 둡니다. 병든 양을 발견하면 회복될 때까지 최선을 다해 간호합니다. 하나님께서 나의 목자가 되시면 나의 삶 속에도 동일한 일이 일어남을 깨닫게 됩니다. 지난날을 돌아보면서 큰 은혜가 삶에 주어졌음을 알게 되었습니다.

첫째, 여행의 축복을 받았습니다.

이스라엘 유학, 요르단과 이집트 성지 순례, 영국 체류, 독일과 체코 유학생 집회(코스테), 노르웨이 · 오스트리아 · 스위스 · 스페인 · 스코틀랜드 묵상 여행, 헝가리 선교 여행, 폴란드 강연 여행, 조국 교회의 집회와 신학교 강연 여행.

둘째, 14년간 기다려 오던 박사논문이 통과되는 축복을 받았습니다.

17개 언어를 다루시는 모세 바인펠트 교수 밑에서의 지난 14년은 참으로 긴 인고의 기간이었습니다. "성경을 읽으라"는 권고 한마디를 의지한 채 히브리어 성경을 수도 없이 읽었습니다. 여덟 명의 교수의 지도와 수십 번의 수정 끝에 논문이 통과되었습니다.

셋째, 주거지의 축복을 받았습니다.

48년의 인생 여정 중 스물아홉 번이나 이사했습니다. 특히 경제적인 능력 없이 타지에서 살아간다는 것은 정말 힘들었습니다. 그렇지만 하나님은 타지에서도 살아 계셨습니다. 영국 사람도 살고 싶어 하는 동네에 우리 가정을 살게 하시는 기적을 베풀어 주셨습니다. 더욱이 10여 년 전 한인들이 모여 처음으로 예배드렸던 거룩한 장소였고 주변에 나무가 많고 살기 쾌적한 곳이기에 참 감사했습니다. 또한 17년간의 외국 생활을 마치고 고국으로 돌아왔을 때도 충신교회 한 성도께서 유언으로 헌정한 선교관에 머물 수 있게 되었습니다.

넷째, 좋은 이웃을 선물로 주셨습니다.

좋은 만남의 축복을 받았습니다. 대학교 때 임영수 목사님이 20년간 읽으셨던 독일어 성경을 주셨고, 신학대학원 때 한경직 목사님의 장학금을 받았고, 김동익 목사님의 사랑을 받았습니다. 그 후 만난 충신교회 박종순 목사님은 끊임없는 사랑과 격려로 10년간 유학 생활과 그 후 7년간 영국 생활을 하는 동안 장학금을 보내 주셨습니다.

이 모든 것은 부족한 양을 선대하셔서 잘 길러 주시는 목자이신 하나님의 은혜입니다. 목자이신 주님 때문에 지난 세월은 전혀 부족함이 없는 삶이었습니다.

부족함이 없으리로다 לֹא אֶחְסָר(로 에흐쏘르, 시 23:1).

3. 푸른 풀밭에 누이시며 시 23:2 상

그가 나를 푸른 풀밭에 누이시며……(2절).

우리가 매를 맞아도 매의 손잡이를 주님이 잡고 계시면 맞는 것은 유익이 될 수 있습니다. 본문에서 다윗은 여호와께서 우리를 푸른 풀밭에 누이신다고 고백하고 있습니다. '푸른 풀밭'은 히브리어 '네옷 데쉐'נְאוֹת דֶּשֶׁא를 번역한 것인데 '데쉐'는 풀밭이고 '네옷'은 '아름다운 동산'이란 뜻을 가지고 있습니다. 쉬고 싶은 풀밭으로 우리를 인도하시는 하나님. 피곤에 지친 길손들이면 누구나 바라는 바입니다.

그런데 문제는 '누이신다'라는 히브리어입니다. 히브리어로 '누이다'는 마르비쯔מַרְבִּיץ입니다. 이 단어의 어근인 라바쯔רָבַץ는 '눕다'의 뜻을 가지며 현대 히브리어에서는 '막대기로 두들겨 패서 눕게 하신다'는 뜻으로 사용됩니다. 구약 용례에 제한은 있지만 원문의 의미를 최대한 살려 번역해 보면 이전의 목가적인 분위기의 낭만은 사라져 버리고 대신 매를 맞은 후에 누운 양의 눈에서 하염없이 흘러내리는 눈물로 푸른 풀밭이 적시어지는 장면이 떠오르게 됩니다. 아니 이것이 어떻게 된 일입니까? 여호와는 나의 목자이시기에 내게 부족함이 없다고 고백했고 그분께서 양인 우리들을 푸른 풀밭에 누이신다는 장면에 한없이 감격하고 있는데 이 어인 날벼락입니까?

시편 23편 1절과 2절을 다시 번역해 보면 다음과 같습니다.

"여호와는 나의 목자시니 내게 결핍함이 있을 리가 없고 비록 그가 푸른 풀밭에 눕게 하시려고 때로 우리를 훈육하셔도 우리는 기뻐할 수 있습니다."

에덴에서는 부족함이 없었습니다. 이에 반해 실낙원은 결핍으로 가득 차 있습니다. 낙원을 상실한 인간들은 실낙원의 한계를 극복하기 위해 문명이라는 것을 만들어 나갑니다. 동물을 길들여 정착하고 땅에 씨를 뿌려 농사하고 낮의 더위와 밤의 추위를 막기 위해 집을 짓습니다. 악기를 제조하고 농기구와 장신구들을 만드는 기술을 개발해 나갑니다. 실낙원의 절망을 개척하는 정신은 높이 살 만하지만 때로 지나친 이기심과 욕심으로 이웃의 생활까지 침해하여 전쟁을 벌이고 영향력을 극대화하는 모습은 인간성에 대해 회의를 느끼게 합니다. 이로 인해 약자의 애곡은 하늘을 찌르고 창조주 하나님은 심판이란 도구로 질서를 다시 세우십니다. 인류 역사를 잘 살펴보면 이런 과정이 계속해서 반복되고 있음을 알 수 있습니다. 시편 23편은 개인적인 정황에 비추어 해석해 볼 수도 있고 전 인류 역사를 두고 묵상해 볼 수도 있습니다.

먼저 개인에게 적용해 본다면 시편 23편은 하나님이 나의 목자이시기 때문에 현재는 궁핍과 곤란 가운데 있어도 결국에는 주님으로 인해 배부를 것이며 비록 광야를 걷고 있어도 결국에는 푸른 초장에 다다를 것이라는 믿음에 기초한 고백입니다.

한편 인류 역사에 적용시켜 보면 강한 나라만 살아남는 것처럼 보여도 주님께서 온 인류의 목자가 되사 공평과 정의로 세상을 다스릴 것이며 홀로 푸른 초장에 거하려는 자들은 주의 지팡이로 때려 잠잠케 하시고 늘 광야에만 있는 가련한 백성들에게는 인도의 막대기가 되어 푸른 초장에 눕는 특혜를 누리게 하실 것이라는 믿음의 고백입니다.

양에게는 미래를 보는 눈이 없습니다. 푸른 초장은 주님께서 이루시는 미래의 청사진일 수 있습니다. 영적 안목이 어두워져서 선과 악의 구별조차 힘들어져 버린 현 세상에서 주님은 시련의 지팡이로 두들겨 패셔서라도 우리를 인도하신다는 것입니다. 환난은 인내를 낳고 인내는 연단을 낳으며 연단의 결과는 소망이기 때문입니다. 오래 썩은 나무일수록 훌륭한 퇴비로 흙을 찰지게 합니다. 흙이 좋으면 그 흙에 뿌리 내리고 자라는 나무는 거목이 되어 갑니다. 푸른 초장에 이미 누워 계십니까? 저 아래 광야에서 흠뻑 매를 맞으며 서 있는 이웃 양을 생각해 보면 좋겠습니다.

푸른 초장에 누이시며 בִּנְאוֹת דֶּשֶׁא יַרְבִּיצֵנִי (빈옷 데쉐 야르비쩨니, 시 23:2).

4. 쉴 만한 물가로 시 23:2 하

……쉴 만한 물가로 인도하시는도다 (2절).

다윗은 "여호와께서 나를 쉴 만한 물가로 인도하신다"고 고백하고 있습니다. 물이 흔한 곳에서야 이 말씀이 그다지 위로가 되지 않겠지만 만약 우리가 물 없는 건조한 땅을 지나는 나그네라면 이 말씀은 생명입니다. 광야가 푸른 초장으로 변하는 모습을 믿음으로 바라보았던 선지자 이사야는 모든 목마른 자들을 초청하시는 하나님의 자비로운 모습을 이렇게 설명하고 있습니다.

"하나님께서는 가련하고 빈핍한 자가 갈증으로 혀가 마를 때에 광야에 강을 여시며 골짜기 가운데 샘이 나게 하시며 마른 땅으로 샘 근원이 되게 하시는 분이십니다"(사 41:17-18).

또한 생수의 근원이신 주님께 나아가는 데 어떤 조건도 필요 없음을 강조합니다(사 55:1). 우리가 가난해서 지불할 능력이 없어도 그냥 주님께 나아가기만 하면 그분은 우리에게 영원히 목마르지 않는 생명의 물을 무한정 공급하십니다. 하지만 이스라엘 백성은 생수의 근원이신 하나님을 버리고 스스로 물을 저축하지 못하는 웅덩이를 파는 어리석음을 범하였습니다(렘 2:13). 예수님은 수가 성의 한 목마른 여인과의 대화에서 영원히 솟아나는 샘물에 대해서 말씀하셨습니다(요 4:14). 명절 끝날 주님은 큰 소리로 예루살렘에 모여 선 순례자들에게 이렇게 외치셨습니다.

"누구든지 목마르거든 내게로 와서 마시라. 나를 믿는 자는 성경에 이름과 같이 그 배에서 생수의 강이 흘러나오리라"(요 7:37-38).

요한은 이 생수가 하나님의 성령이라고 말씀합니다(요 7:39). 우리 인생길에 수를 헤아릴 수 없는 목마름이 있지만 우리에게 소망이 있는 이유는 우리의 갈증을 해결할 수 있는 주님이 계시기 때문입니다.

목자는 양들의 목마름을 해결하기 위해 친히 물을 찾아 나섭니다. 하루의 계획을 세우고 양이 풀을 뜯을 곳과 물을 마실 곳과 아울러 쉴 곳을 염두에 둡니다. 우리의 목자 되신 주님도 마찬가지이십니다. 우리가 인생길에서 목말라 할 때 주님은 우리를 쉴 만한 주님 품으로 인도하십니다. 사람은 우릴 도울 수 없을 뿐 아니라 우리의 목마름을 해갈시킬 수 없지만 우리가 믿고 의지하는 하나님은 다시는 목마르지 않는 생수로 우리를 시원케 할 수 있는 능력의 주님이십니다. 사방에 욱여싸임을 당함같이 곤란한 지경에 놓인다 해도 결국 우리를 사랑하는 목자이신 주님으로 인해 쉴 만한 물가로 나아가게 될 것입니다.

쉴 만한 물가로 인도하시도다

עַל־מֵי מְנֻחוֹת יְנַהֲלֵנִי(알 메이 메누홋 예나할레니, 시 23:2).

5. 내 영혼을 소생시키시고 시 23:3 상

내 영혼을 소생시키시고…… (3절).

히브리어 쇼베브שובב는 '기운이 다시 돌아온다, 힘이 다시 솟는다'라는 의미를 가집니다. 본문에서 시인 다윗은 이 단어를 사용해서 광야의 삶으로 인해 지친 영이 다시 힘을 얻는다고 고백합니다.

20여 년 전 사랑하는 동생이 뇌 암으로 사경을 헤맬 때 우리 가족은 정말 힘든 기간을 보냈었습니다. 의식 없이 방에 누워 6개월을 지내는 동생을 대하면서 얼마나 안타까웠는지 모릅니다. 의료보험이 없어 병

원에 입원시킬 여력도 없었고 입원시킨들 병원에서도 동생에게 해 줄
마땅한 치료책이 없었기에 동생의 의식이 돌아오게 해 달라고 교회에
나가 부르짖던 기억이 납니다. 6개월을 식물인간으로 있던 동생은 키
가 178센티미터였는데 몸무게는 30킬로그램으로 줄었고 곧 숨이 넘어
갈 듯한 순간을 여러 번 맞이했었습니다.

그때 형으로서 동생에게 마지막으로 줄 선물이 무엇이 있을까 고민
하다가 동생을 하나님께로 보내자는 마음의 결단을 하고 3일간 금식
을 했습니다. 금식이 끝나는 날 새벽에 잠을 자다가 꿈을 꾸었습니다.
동생이 죽어 무덤에 묻는데 무덤 안에 있는 동생이 나를 바라보며 "형
왜 나를 묻어?" 하며 살려 달라는 꿈이었습니다. 나는 꿈에서 깨자마
자 교회로 달려갔습니다. 그때 시간이 새벽 5시였습니다. 사찰 집사
님과 함께 빨랫줄 매는 나무로 들것을 만들어서는 동생을 교회로 데
리고 가서 유학 가고 안 계신 담임목사님의 승용차에 태워서 연지동
서울대학병원으로 달려갔습니다. 응급실에 당도하여 동생을 입원시
키려 했으나 입원 예치금 5만 원을 미처 준비해 가지 못해 다시 돈을
구하러 이리저리 다녔습니다. 가까스로 병원에 입원한 동생을 뒤로한
채 나는 집으로 돌아가 잠시 휴식을 취했습니다. 다음 날 병원으로 갔
는데 동생이 보이지 않았습니다. 눈물이 핑 돌더군요. 뒤돌아 나오려
는데 신문을 보고 있던 누군가가 나를 부르는 소리에 그만 기절할 뻔
했습니다.

"형, 왔어?"

동생이 살아서 신문을 읽고 있는 것이었습니다. 어제 입원했던 동생

은 뇌 안에 호스를 연결하는 수술을 받고 6개월 만에 의식이 돌아온 것이었습니다. 동생을 다시 얻은 기쁨은 얼마나 감격스러웠는지 모릅니다. 동생의 손을 잡고 병원 뜰을 거닐고 2주 후에 퇴원해서 함께 집에 거하며 주일학교 교사로 봉사하던 때의 축복된 시간들이 감격과 감사로 남아 있습니다.

광야 생활을 하다 보면 피곤과 굶주림에 지칠 때가 많이 있습니다. 다시 주님 앞에 서 보았습니다.

갈릴리에서 제게 물으시던 주님의 질문을 다시 생각해 보았습니다.

"성욱아, 왜 목사가 되려 하니?

박사는 또 왜 되려고 하니?

이 모든 것이 나 때문이니 아니면 너의 명예나 부귀 때문이니?"

다시 무릎을 꿇었습니다. 가난해도 이 길을 걸어가겠노라고……. 광야의 긴 여정 때문에 정신이 혼미해지지 않도록 내 영혼을 소생시키시는 하나님 앞에 엎드리고 있습니다.

내 영혼을 소생시키시고 נַפְשִׁי יְשׁוֹבֵב(납쉬 예쇼베브, 시23:3).

6. 의의 길로 인도하시도다 시 23:3 하

……자기 이름을 위하여 의의 길로 인도하시는도다 (3절).

의의 길의 최종 목표는 주님의 이름을 드높이는 데 있습니다. 엄청 큰 강도의 지진 때문에 발생한 해일 쓰나미로 사망한 12만 5천여 명의 생명이 생각났습니다. 현재 지구에는 커다란 판 형태를 이루어 움직이는 지각의 표층인 텍토닉 플레이트tectonic plate 18개가 일 년에 5센티미터씩 이동하고 있는데 이동 시에 발생하는 양 판 간의 충돌이 지진과 해일을 가져온다고 학자들은 주장합니다. 인도양이 얼마나 거대한 바다인지 우리는 잘 알고 있습니다. 하지만 그곳에 지진이 일어나니 인근 연안 지역들을 해일로 덮어 수많은 생명을 앗아 가는 참극을 우리는 목도하였습니다. 만일 태평양이 넘실거려 해일이 일어나 인근 지역들을 덮친다면 미국도 일본도 중국도 한국도 무사하지 못할 것이라는 생각이 들었습니다. 하나님이 처음에 창조하셨던 지구는 보시기에 좋았고 에덴동산에는 평화와 안전과 쉼이 있었습니다. 그러나 인간의 타락은 죽음과 광야를 가져왔고 그 결과를 우리가 현재 목도하며 경험하고 있습니다.

구약 시대에 하나님께서 당신의 뜻을 보이시는 방법은 한 사람이나 민족을 택하셔서 택함 받은 사람이나 민족이 주님이 세우신 의와 공도를 행함으로 복의 근원 역할을 하게 하는 것이었습니다. 한 사람이나 민족에게 그분의 사랑을 집중하시고 그 사랑이 온 인류로 서서히 퍼져 나가게 하신 것입니다. 신약 시대는 하나님이 친히 인간의 몸을 입으시고 아들로 오셔서 모든 인류를 단번에 구원의 길로 초청하셨습니다. 구약이 점진적으로 발전되는 사랑의 복음이라면 신약은 단번에 인류 모두에게 주어지는 은혜의 복음입니다. 그러나 사람들은 하나님께서 우리에게 제시하는 사랑과 은혜의 복음을 거절합니다. 성경이 말하는 분명한 가치를 더 이상 받아들이려고 하지 않습니다.

한 가지 예를 들면 동성연애는 성경에서 죄라고 말씀하는 데도 세속 법은 인종 차별법의 큰 범주에 이 경우를 적용하여 동성애가 잘못되었다고 지적하는 것을 인권 탄압이라고 말합니다. 물론 동성애자들을 마녀사냥 식으로 매도하고 처벌하는 것은 옳지 않습니다. 하지만 잘못된 것은 분명히 잘못되었다고 말할 수 있어야 하는데 현대인들은 그런 말 듣기를 거부합니다.

의와 불의의 기준이 모호해져 가는 세상에서 오늘의 본문은 주님께서 우리의 삶을 의의 길로 인도하신다고 말씀합니다. 의의 길이 있다는 것은 불의의 길도 있음을 의미합니다. 주님이 우리 삶의 목자가 되신다고 고백하는 것은 삶의 키를 주님이 가지시고 올바른 방향으로 인도하심을 받아들이는 것입니다. 시인은 우리 삶이 주의 이름을 위한 것이 되어야 한다는 점을 강조합니다. 의의 길의 최종 목표는 주님의 이름을 드높이는 데 있습니다. 아무리 성공하여 이름을 낸다 한들 그것이 하나님의 영광과 무관한 것이라면 명예와 성공을 접는 한 해가 되기를 아울러 바랍니다. 어떤 삶이 우리 앞에 전개될지 알 수 없으나 확실한 것은 주님을 목자로 받아들이는 사람들의 삶은 주님의 인도하심으로 인하여 의의 길을 걸어갈 것이고 결국에는 하나님의 영광을 높이 드러내게 될 것이라는 사실입니다. 하나님의 은혜와 사랑과 도우심이 의의 길을 걷고자 하는 여러분들의 삶 속에 풍성히 넘치시기를 바랍니다.

주님의 이름을 위하여 의의 길로 인도하시도다

יַנְחֵנִי בְמַעְגְּלֵי־צֶדֶק לְמַעַן שְׁמוֹ (얀헤니 베마아글레이 쩨덱 레마안 슈모, 시 23:3).

7. 사망의 골짜기에서라도 시 23:4 상

내가 사망의 음침한 골짜기로 다닐지라도 해를 두려워하지 않을 것은 주께서
나와 함께하심이라……(4절).

인간이 가장 극복하기 어려운 절망은 죽음을 직면할 때입니다. 죽음은 단절을 가져오고 그 이후를 분명하게 알 수 없기 때문에 인간은 죽음에 직면하기를 두려워합니다. 다윗은 사망의 그늘이 있는 골짜기를 통과할지라도 해를 두려워하지 않겠노라고 고백하고 있습니다. 사망의 골짜기에 서 있다는 것은 죽을 수도 있는 상황에 처해 있음을 뜻합니다. 그럼에도 해를 두려워하지 않는 까닭은 무엇일까요?

오늘 본문에 대한 애틋한 추억이 있습니다. 어머니 이금자 권사님은 만주에서 태어나셨습니다. 16세 되던 해에 한국전쟁이 일어나 1·4 후퇴 때 남한으로 내려온 피난민이셨습니다. 숙명여대에 입학했으나 전쟁 때문에 학업을 계속하지 못하고 부산으로 내려가 조흥은행에 입사하고는 아버지를 만나 결혼하셨습니다. 그 당시 해병대 병사였던 아버지는 인천 상륙 작전, 원산 앞바다 상륙 작전, 낙동강 전투에 참전하셨습니다. 부산에서 누님을 낳고 서울로 올라오셔서 나와 동생을 낳으셨습니다. 내가 다섯 살 때 아버지의 실직으로 어머니는 남대문시장에

서 헌 옷 장사를 하시면서 가계를 꾸려 나가기 시작하셨습니다. 어머니는 남대문시장에서 해방촌까지 헌옷 보따리를 머리에 이고 걸어올 때가 종종 있으셨습니다. 나중에 알았지만 차비를 아껴야만 가족의 저녁 식사가 해결되었기에 무거운 보따리를 지고 걸어오신 것이었습니다. 어머니가 집에 도착하면 나는 어머니가 주신 150원을 가지고 해방촌 신흥시장에 가서 우동을 사 왔고 우리 가족은 우동으로 저녁식사를 하곤 했습니다. 밤늦도록 재봉틀에 앉아 헌 옷을 수선하고 새벽에는 교회에 나가 기도하는 경건한 어머니셨습니다.

철이 좀 일찍 났더라면 어머니의 고생을 덜어 드렸을 텐데 나는 원하던 의대 시험에 떨어지고 대학 시험을 여섯 번이나 치르는 불효를 범했고 막내아들은 20세에 암으로 세상을 떠나 고통을 안겨 드렸습니다. 나는 주의 은혜로 숭실대학교 영문학과를 졸업하고 장신신대원에 입학하여 한경직 목사님 장학금을 받았지만 어머니의 고생은 계속되었습니다. 동생의 죽음과 병원비는 가족을 흩어지게 만들었습니다. 어머니는 시골에 머무시면서 목장에서 식모, 거리에서 수금 사원, 가정에서 파출부 일을 하셨습니다.

막내의 죽음 이후 어머니는 간염을 앓기 시작하셨고 간경화로 병이 악화되어서 자주 병원에 입원하셔야만 했습니다. 나는 이스라엘에서 유학하던 때라 병드신 어머니를 돌보아 드릴 수 없었습니다. 어머니가 위독하셔서 고국을 방문해 보니 어머니는 순천향병원 내과 9인 병실에 입원해 계셨고 병원비는 수백만 원에 달해 있는 상태였습니다. 손에는 150달러밖에 없었습니다. 이스라엘로 다시 돌아가야 하는 순간에 어머니를 만나러 새벽에 택시를 타고 병원으로 달려갔습니다. 어머니가 깨어서 기도하고 계신 모습을 발견했습니다. 어머니는 이제 하나님 나라에 갈 시간이 다 된 것 같다며 마지막으로 간직하고 갈 성경구절을 달라고 하셨습니다. 그때 오늘의 본문을 어머니께 드렸습니다.

"내가 사망의 음침한 골짜기로 다닐지라도 해를 두려워하지 않을 것은 주께서 나와 함께하심이라."

말씀으로 어머니를 배웅해 드리고 다시 이스라엘로 돌아왔습니다. 3개월 후 어머니는 의과 대학에 시신을 기증하시고는 하나님 나라로 가셨습니다.

다윗은 사망의 골짜기에서라도 그 사망이 우리에게 해가 되지 않는다고 고백합니다. 사망마저도 우리에게 해가 되지 않는다는 선언은 얼마나 놀라운 복음인지요? 어머니의 죽음은 부활에 대한 소망을 가져다주었습니다. 우리가 비록 헤어져 있어도 주님께서 다시 오시는 날 서로 부활해 다시 만난다는 믿음은 큰 힘을 줍니다.

사망의 골짜기에 처해 있는 형제자매 여러분! 주님은 사망마저도 선으로 바꾸실 수 있는 전능한 하나님, 자비의 아버지, 우리의 영원한 목자이십니다.

재앙을 두려워하지 않을 것입니다 לֹא־אִירָא רָע(로 이라 라아, 시 23:4).

8. 주의 막대기와 지팡이가 있습니다 시편 23:4 하

……주의 지팡이와 막대기가……(4절).

배재고등학교 다니던 시절 이화여고 교정 맞은편에 100년 된 고목나무가 배재인의 자랑으로 늠름하게 서 있었습니다. 우리나라 최초 학교의 상징으로 고종황제가 친히 식수하셨다는 이야기를 전해 듣곤 하였습니다. 사춘기 고등학생이던 나와 친구들은 쉬는 시간이나 방과 후에는 고목나무 밑에서 공차기를 하며 놀았고 때론 고의로 이화여고 교정으로 공을 넘겨 여학생들의 시선을 모으려 했습니다. 영국 본머스 한인교회가 예배를 드리는 성 어거스틴 교회 입구에도 수령이 100년쯤 되어 보이는 큰 소나무가 자라고 있습니다. 교회 지붕과 맞먹는 키에 성인 혼자서 가늠하기에는 너무 큰 둘레의 거목입니다. 교회를 드나들 때마다 "교회를 위한 거목이 되게 하옵소서!"라는 소망의 기도를 드린 생각이 납니다.

다윗은 주님의 막대기와 지팡이가 있기에 사망의 골짜기에서도 안전함을 느낄 수 있다고 고백합니다. 막대기의 의미로 사용되는 히브리어 단어는 셰베트שֵׁבֶט입니다. 잠언에서 이 단어는 자녀를 훈육할 때 사용하는 매라는 의미입니다.

"매를 아끼는 자는 자식을 미워하는 자나 자식을 사랑하는 자는 훈육을 위해 아침이 동터 오기를 기다리는 자니라"(잠언 13:24).

사실 양을 구렁텅이에 몰아넣는 목자가 어디 있겠습니까? 사망의 음침한 골짜기는 실낙원이 처한 상황을 잘 나타내 줍니다. 군데군데 함정이 있고 죽음에 노출되어 있는 상황을 매일 직면합니다. 어느 누구도 실낙원에 있는 한 이 사망의 골짜기를 외면하거나 무시할 수 없습니다. 하지만 에덴동산을 창설하셨던 주님은 실낙원의 골짜기에서 절망하는 우리를 훈육의 막대기를 사용해서 깨우치시고 더욱더 주님을 의지하게 만듭니다.

딸아이와 함께 밤길을 걸을 때 아이의 손이 아빠의 손을 더욱 움켜잡듯이 우리는 실낙원의 고뇌 속에서 주님의 손을 꼭 잡고 앞으로 나아가야만 합니다. 주님의 막대기는 그래서 유익합니다.

지팡이는 히브리어로 미슈에넷מִשְׁעַנְתֶּ이라고 부르는데, 이 단어의 뜻은 '의지한다, 기댄다'입니다. 어릴 적에 소아마비를 앓았기 때문에 지팡이의 고마움을 잘 알고 있습니다. 한쪽 다리를 절었지만 균형을 잡기가 힘들었기 때문에 자주 넘어졌었습니다. 돌에 머리를 찧고 몇 시간 기절한 후 일어나 보니 양호실이었던 기억이 납니다. 그러나 막대기를 하나 붙잡고 걸으면 넘어지지 않았습니다. 마찬가지입니다. 사망의 음침한 골짜기에서 우리가 든든히 의지할 수 있는 것은 주님의 지팡이입니다. 우리에게 두 가지 막대기를 가지고 나아오시는 주님을 바라봅니다. 한 손에는 훈육의 막대기, 다른 손에는 의지의 지팡이를.

주님의 막대기와 지팡이 שִׁבְטְךָ וּמִשְׁעַנְתֶּךָ (쉬브테카 우 미슈안테카, 시 23:4).

9. 한탄과 안위의 만남 시 23:4 하

······나를 안위하시나이다 (4절).

예루살렘 성전이 무너진 뒤 70년간의 바벨론 포로 생활을 마치고 귀환한 유대인 느헤미야는 페르시아 통치 시대인 아르타흐샤스타 왕의 술 관원장이었습니다. 느헤미야는 조국의 수도였던 예루살렘 성이 무너진 후에 계속 훼파되고 있다는 소식을 듣고 몹시 슬퍼하다가, 그의 수심을 알아챈 왕에게 간청하여 무너진 조국을 재건하기 위해 귀국한 애국자였습니다. 느헤미야נְחֶמְיָה라는 이름의 뜻은 '하나님께서 위로하신다'입니다.

본문에서 다윗은 "사망의 음침한 골짜기에서 주님이 나를 안위하신다"고 말하고 있습니다. '안위한다'로 번역된 히브리어 니함נִחַם(사 49:13)은 두 가지 의미를 지닌 단어입니다. 수동형인 니팔* 형태로 사용할 때는 '유감이다, 비탄을 느끼다, 복수를 함으로 위안을 얻다'라는 뜻을 가집니다. 이 단어가 강세형인 피엘* 형태로 바뀔 때는 '안위한다, 위로한다'는 의미입니다. 본문에서는 피엘 형태를 사용해 '안위하신다'라고 해석했습니다. 이 단어가 수동형인 니팔 형태로 사용된 유명한 구절이 있는데 바로 노아 홍수 전에 하나님께서 자신이 지으신 사람들의 행위가 악함을 보시고 한탄하신 내용입니다.

"땅 위에 사람 지으셨음을 한탄하사 마음에 근심하시고"(창 6:6).

* 니팔, 피엘 : 히브리어 동사 변형의 형태로 니팔은 수동형, 피엘은 강세형.

김혜자 씨의 《꽃으로도 때리지 말라》는 책을 감명 깊게 읽었습니다. 저자는 지난 11년 동안 아프리카의 에티오피아, 소말리아, 르완다, 인도, 방글라데시, 북한 등 세상의 가장 가난하고 고통 받는 이웃이 있는 지역을 다니면서 직접 경험한 내용을 펴냈습니다. "냉장고 안에 먹을 것이 있고 입을 것이 있으며 누울 집이 있는 사람은 이 세상의 75퍼센트 사람들보다 더 행복한 사람들"이라는 말을 읽고 부끄러웠습니다. 얼마나 많은 여성들과 어린이들이 고통 받으며 살고 있는데 같은 지구촌 안에 사는 우리는 얼마나 이들의 고통에 동참하며 돕고 있는지, 우리의 눈과 귀가 어디로 향하여야 하는지를 잘 말해 주고 있습니다.

노아의 아버지가 자식의 이름을 '쉼'이라는 뜻의 노아라 부른 이유에 대해서 창세기 5장 29절은 이렇게 말합니다.

"여호와께서 저주하신 땅에서 우리가 겪는 손의 수고와 고통에서 우리를 쉬게 하여 주소서."

고통 받는 아프리카의 여성들과 아이들이, 신음하는 북한의 백성들이, 희망을 잃은 팔레스타인의 어린이와 청년들이, 사탄의 결박에 묶여 해방을 기다리는 사람들이 쉼을 얻기 위해 부르짖고 있을 때 시편 23편을 이 지구촌 구석구석에 적용시켜 봅니다.

기근으로, 전쟁으로, 질병으로, 정치적 억압으로, 경제적 궁핍으로, 사회적 불평등으로 신음할 때 시편 23편을 해답으로 제시하고자 합니다. 김혜자 씨는 고통당하는 이웃을 만나면서 이렇게 부르짖습니다.

"신은 왜 아프리카를 만드셨는지 모르겠습니다. 이렇게 모른 체할 것이라면……. 저렇게 일찍 가엽게 죽을 아이들인데 왜 세상에 낳도록 허용하셨나요?”

느헤미야의 이름과 삶은 우리에게 두 가지 사실을 말해 줍니다. 하나는 그가 조국의 현실을 목도하면서 슬퍼하는 신앙인이란 점입니다. 다른 하나는 이런 현실에 슬퍼하는 이들을 주님은 반드시 위로하신다는 점입니다. 우리 그리스도인들은 주님의 위로를 경험한 사람들이기에 하나님의 안위하심을 필요로 하는 사람들을 결코 잊어서는 안 됩니다. 만일 우리가 잊는다면 주님께서는 우리를 보시고 한탄하실 것입니다. 때가 너무 늦기 전에 주변에 사망의 음침한 골짜기를 통과하는 형제자매가 있는지 돌아보는 여유가 우리 모두에게 있기를 바랍니다. 한탄의 현장으로 달려가는 여러분은 하나님의 위로를 전달하는 한 송이 꽃입니다.

그분이 나를 위로하실 것입니다 יְנַחֲמֻנִי (예나하무니, 시 23:4).

10. 내 잔이 넘치나이다 시 23:5

주께서 내 원수의 목전에서 내게 상을 차려 주시고 기름을 내 머리에 부으셨으니 내 잔이 넘치나이다 (5절).

창세기 32장 10절은 막대기 하나만 가지고 요르단 강을 건너 밧단 아람으로 떠난 야곱이 20여 년의 긴 세월을 보낸 후 거부가 되어 고향으로 돌아오는 장면을 잘 묘사해 주고 있습니다. 야곱은 고향으로 돌아오면서 하나님께 이렇게 기도드립니다.

"주께서 종게 행하셨던 진실과 자비를 저는 감당할 수가 없습니다. 막대기만 가지고 요르단 강을 건넜는데 지금 저는 두 진영이나 되는 재산을 가진 재산가가 되어 돌아오고 있습니다."

이 모습은 고향을 떠난 사람들이면 누구나 바라는 꿈입니다. 성공과 성취 욕구는 본토 친척 아비 집을 떠난 사람이면 누구나 가지고 있는 지극히 자연스런 마음의 현상이지만 타국에서의 현실은 우리의 소망이 이루어지기까지 많은 대가를 치를 것을 요구합니다. 목표에 도달하기도 전에 중간중간에 놓여 있는 지뢰밭에서 다치기도 하고 좌절하여 주저앉거나 무기력하게 본토 귀향길에 오르기도 합니다. 하지만 본문에서 시인은 광야 험로에서라도 우리 잔이 넘칠 수 있다고 말합니다.

우리의 빈 잔이 흘러넘치는 이유는 하나님의 도우심이 있기 때문입니다. 우리가 열심히 노력해도 뜻대로 안 되는 경우도 많습니다. 그럴 때마다 우리는 목자 되신 주님께서 우리를 도우실 수 있음을 믿고 그분을 의지하는 법을 배워야 합니다. 나는 박사학위를 받기까지 14년이 걸렸습니다. 히브리어, 고대 근동의 언어와 문화 등 기초 과목을 이수하는 데 5년, 석사논문을 쓰는 데 3년, 박사논문 제안서를 준비하고 통과하는 데 3년, 박사논문 통과되는 데 3년, 도합 14년이라는 세월 동안 수많은 좌절과 실패가 있었습니다. 학업의 어려움 외에도 경제적·정신적 어려움을 겪었지만 하나님은 나를 버리지 않으시고 도움의 손길을 베풀어 주셨습니다. 본문의 고백처럼 주님의 성실하신 목양

덕분에 나의 빈 잔은 흘러넘쳤습니다. 나를 사랑하시는 목자이신 주님의 넘치는 잔에서 흘러나오는 자비와 긍휼을 힘입었기 때문입니다(헬라어 성경에서는 나의 잔을 주의 잔으로 바꾸고 있습니다).

빈 잔이 흘러넘치는 또 하나의 이유는 주님이 손을 들어 주시기 때문입니다. 다윗은 주님께서 기름을 내 머리에 부으셨다고 고백합니다. 머리에 기름을 붓는 것은 손을 들어 주시는 것을 의미하며(명예 회복) 동시에 새로운 사명을 부여하시는 것을 의미합니다. 구약성경에서 기름 부음을 받는 사람은 주께서 특별히 택한 사람입니다. 신약 시대에는 예수 그리스도를 목자로 모신 사람들이면 누구에게나 기름 부으심의 은혜가 있습니다. 따라서 나 같은 죄인도 주님과의 계약 후 하나님의 자녀가 되었기 때문에 기름 부으심을 경험하는 은혜를 누립니다. 또한 기름을 부으신다는 말씀은 주님의 능력을 부어 주신다는 뜻도 됩니다.

본문을 통해서 중요한 교훈을 얻습니다. 주님의 잔은 언제나 철철 넘치는 풍성함이 있다는 것입니다. 우리의 잔이 비었어도 주님의 잔은 넘쳐 납니다. 따라서 아무리 어렵고 앞이 보이지 않는 상황일지라도 풍성하신 주님의 잔이 있음을 기억해야 합니다. 그래서 잔을 깨끗이 비워야 합니다.

바울의 권면을 들어 봅니다.

"그러므로 누구든지 이런 것에서 자기를 깨끗하게 하면 귀히 쓰는 그릇이 되어 주인의 쓰심에 합당하며 모든 선한 일에 준비함이 되리라"(딤후 2:21).

세상을 두루 돌아보면 할 일이 정말 산더미같이 쌓였다는 느낌을 받습니다. 보여 주신 만큼 일한다는 말이 있듯이 주께서 많이 보고 겪게 해 주신 만큼 우리가 준비한 그릇이 더욱 커지고 깨끗해져서 주님의 능력을 가득 담아 힘들고 어려운 이웃에게 나아가기를 바랍니다.

내 잔이 넘치나이다 כּוֹסִי רְוָיָה (코씨 레바야, 시 23:5).

11. 선하심과 인자하심이 시 23:6 상

내 평생에 선하심과 인자하심이 반드시 나를 따르리니……(6절).

우리 인생길을 되돌아보면 많은 발자국이 남겨져 있습니다. 가로수가 가지런히 심긴 아름다운 길을 산책하던 때가 있었는가 하면 몰아쳐 오는 비바람과 맞서 싸울 때도 있었습니다. 즐거웠던 때는 발자국 모양이 가지런한 모습이지만 힘들었던 때는 발자국이 뒤엉켜 있거나 큰 웅덩이를 만들기도 했습니다.

스페인 바르셀로나를 방문했을 때 몽주익 경기장 앞에 새겨져 있는 황영조 선수의 발자국을 볼 수 있었습니다. 1992년 바르셀로나 올림픽에서 일본 선수를 제치고 언덕을 뛰어 올라 금메달을 획득하여 온 국민을 열광의 도가니로 만들었던 황영조 선수를 기리기 위해 새겨 놓은 발자국. 42.195킬로미터라는 긴 여정의 마라톤을 달려 마침내 승리의 월계관을 쓴 선수의 발자국은 깊은 인상을 주었습니다. 신앙은 마라톤입니다. 평지를 달릴 때도 있지만 때론 산지를 넘어야만 할 때도 있습니다. 동료들이 곁에서 함께 달릴 때도 있지만 외로이 달려야만 할 때도 있습니다.

본문에서 시인 다윗은 이렇게 고백합니다.

"주의 선하심과 인자하심이 내가 사는 날 동안 나와 함께 달립니다"(6절).

6절에서 히브리어로는 '쫓아온다'는 의미의 동사 라다프רַדָף를 사용하고 있습니다. 홀로 뛰는 것 같지만 주의 선하심과 인자하심이 내 뒤에서 나를 따라오며 함께 뛰는 모습을 생각하면 우리의 가슴이 벅차오릅니다. 여기서 주의 선하심이라고 번역된 히브리어는 토브טוֹב인데 이 단어는 창세기 1장에서 하나님이 세상을 창조하실 때마다 '보시기에 좋았더라'고 하신 표현과 동일합니다. 주님께서 보시기에 좋으신 것들이 나의 뒤를 쫓아온다는 것은 얼마나 흥분된 일일까요? 대다수는 사람이 보기에 좋은 것들을 향해 열심히 달음박질을 합니다. 하지만 주님과 함께 광야 길을 걷는 사람들은 그럴 필요가 없습니다. 왜냐하면 하나님이 선하다고 생각하시는 좋은 일들이 우리 뒤를 따라오기 때문입니다. 또한 주님의 선하고 좋은 것들이 자비의 날개를 달고 우리를 계속 쫓아옵니다. 하나님과 인생 설계를 하고 동행하십시오. 주님이 그분의 아름다운 것으로 우리를 장식하실 것입니다. 주님 안에서 행복하십시오. 샬롬!

선하심과 인자하심이 나를 따르리니

טוֹב וָחֶסֶד יִרְדְּפוּנִי(토브 바헤쎄드 이르데푸니, 시 23:6).

12. 여호와의 집으로 시 23:6 하

……내가 여호와의 집에 영원히 살리로다 (6절).

시편 23편은 우리 인생의 최종 목적지가 '여호와의 집'임을 밝히고 있습니다. 성경에서 '하나님의 집'은 시대에 따라 네 종류가 나타납니다.

첫째, 회막입니다.

히브리어로 '만남의 장막' אֹהֶל מוֹעֵד(오헬 모에드, 출 40:2)으로 불리는 회막은 십계명의 돌판을 담은 상자인 언약궤 אֲרוֹן בְּרִית(아론 브릿, 왕상 8:1)가 중심을 이루며, 특징은 구름에 따라 이동하는 데 있습니다.

둘째, 성소와 성전입니다.

'거룩한 장소' מִקְדָּשׁ(미크다쉬, 출 25:8)로 예배를 위한 공간을 의미하며 하나님께서 그 안에 거하십니다.

셋째, 교회입니다.

교회는 하나님께서 부르신 공동체입니다(고후 1:1). 즉 교회를 시작하시고 부르신 분은 하나님이십니다.

넷째, 성전 된 몸입니다.

"너희 몸은 너희 가운데 계신 성령의 전이다"(고전 6:19).

다윗의 고백의 절정은 여호와의 집에 영원히 거하겠다는 데 있습니다. 하나님의 전에 거한다는 것은 오늘날의 의미로 해석해 볼 때 '하나님이 내 안에 거주하실 공간을 마련해 드린다'는 의미가 있습니다. 구약 시대에는 정해진 때(절기를 따라)에만 정해진 절차에 따라 회막과 성전에 나아갈 수 있었지만 신약 시대에는 언제나 하나님과 교제할 수 있게 되었습니다. 오늘날은 누구나 어떤 제한 없이 교회로 나아갈 수 있습니다. 나의 몸이 하나님의 집이 된다는 사실은 얼마나 감격스럽고 놀라운 일입니까?

나는 교회가 참 좋습니다. 어린 시절부터 교회는 내게 잠터를 제공하였습니다. 기도하는 어머니의 무릎을 베고 잠을 자곤 했던 교회는 내게 어머니의 무릎이었습니다. 또한 교회는 먹터였습니다. 가난한 어린 시절, 주일에 교회에서 먹는 밥맛은 정말 꿀맛이었습니다. 교회는 꿈터였습니다. 주일 학교 학생 시절 윤두혁 목사님이 이스라엘과 이집트 지도를 펴 놓고 출애굽기를 강의하시던 모습에 큰 감명을 받고는 이스라엘에 대한 꿈을 꾸기 시작했고 결국 이스라엘로 유학을 가게 되었습니다. 교회는 치료터였습니다. 소아마비를 앓던 나를 주님은 교회에서 만나 주셨고 나는 주님의 도우심으로 다리가 건강해지는 은총을 입었습니다. 교회는 놀이터였습니다. 학생 시절 틈만 나면 교회에 가서 뛰어놀았습니다. 교회에서 사귄 친구들은 인생길에 귀한 동반자들이 되었습니다. 교회는 일터가 되었습니다. 하나님께서는 교회를 위해 살고 교회에서 주는 녹을 먹고 살도록 하셨습니다.

시편 23편은 여호와께서 나의 목자가 되신다는 선언으로 문을 열고 여호와의 집에서 영원히 거하게 된다는 꿈으로 문을 닫습니다. 하나님의 집은 이생이 다한 후에만 주어지는 미래의 축복이 아닙니다. 바로 오늘 예수님으로 인해 누리는 복입니다.

여호와의 집에 영원토록 거하리로다

שַׁבְתִּי בְּבֵית־יְהוָה לְאֹרֶךְ יָמִים(샤브티 베베이트 아도나이 레오렉 얌밈, 시 23:6).

• '영원'이라고 번역된 '오렉 얌밈'은 나의 생명의 길이를 연장시켜 주셔서 이 지상에서 누리는 주님과의 교제를 영원까지 늘려 주신다는 의미입니다.

왕이신 하나님께 드리는 기도

시편 24편

여호와의 산에 오를 자가 누구며 그의 거룩한 곳에 설 자가 누구인가 곧 손이 깨끗하며 마음이 청결하며 뜻을 허탄한 데에 두지 아니하며 거짓 맹세하지 아니하는 자로다 (3-4절).

'왕이신 나의 하나님'은 내가 제일 좋아하는 찬양입니다.

왕이신 나의 하나님
내가 주를 높이고
영원히 주의 이름을
송축하리이다.

'다윗의 노래'라는 제목을 가진 시편 24편은 하나님의 주권을 노래하는 시입니다. 본문은 하나님에 대해 우리가 알아야 할 중요한 사실을 알려 줍니다.

첫째, 땅에 있는 것들과 땅에 거하는 사람들은 다 하나님께 속했습니다.

우리는 재물이 아주 많으면 무엇이든 할 수 있다고 생각하는 경향이 있습니다. 하나님께서 재물을 다 가지고 가시거나 재물을 누리지 못하게 하시기 위해 생명을 거두어 가실 수 있음을 명심합시다. 지식도 명예도 마찬가지입니다. 하나님께서 소유권을 주장하시면 내놓을 수밖에 없다는 사실을 겸손히 인정하며 주께서 주신 재물과 재능과 지혜를 겸손히 사용하시기를 바랍니다.

둘째, 하나님은 바다와 강의 기초를 놓으셨습니다.

금세기의 최대 재난인 쓰나미로 인해 많은 사람이 생명을 잃었습니다. 인도양이 출렁거릴 줄 누가 알았겠습니까? 다윗은 바다의 기초를 놓으신 분이 주님이시라고 말합니다. 고대 문명은 강가를 중심으로 해서 형성되었습니다. 앗수르와 바벨론 제국은 유프라테스와 티그리스 강을 중심으로, 이집트 제국은 풍요로운 나일 강을 중심으로 신화와 문명을 일으켜 세계를 지배할 수 있었습니다. 풍부한 수자원이 정착을 가능하게 했고 풍요를 가져다주었습니다. 하지만 하나님은 나일 강을 피로 바꾸시거나 강의 근원을 마르게 하실 수 있는 능력을 가지셨다는 점을 본문은 강조합니다.

이스라엘에 있을 때 KBS 통신원으로 21세기가 시작되는 자정에 방송을 한 적이 있었습니다. 방송을 하면서 떠오른 생각은 2000년대에 나의 장례식 날짜가 기록된다는 점이었습니다. 옷깃을 여미게 만드는 깨달음이었습니다. 우리가 의존하는 재산, 명예, 권력, 건강이 무너지거나 죽음에 직면하기 전에, 바다와 강의 기초를 흔드실 수 있는 하나님을 경외하는 신앙이 있어야만 합니다.

셋째, 축복과 구원은 하나님으로부터 나옵니다.

우리 인생을 진정으로 축복하시고 사망의 구덩이에서 건지실 수 있는 분은 오직 하나님 한 분뿐입니다. 진정으로 복된 삶을 누리기 원한다면, 위경에 처한 우리의 삶에서 희망을 보려면 하나님을 바라보아야 합니다.

넷째, 하나님은 전쟁에 능하신 용사이십니다.

이사야 선지자는 하나님의 날이 이르면 주께서 강한 손과 펴신 팔로 사탄의 세력을 결박하시고 더러운 영을 죽이실 것이라고 말합니다(사 27:1). 인류를 유혹하고 괴롭혀 온 사탄의 세력들에게 종말의 날이 있다는 것입니다. 얼마나 통쾌한 말씀인지요? 사탄의 궤계의 골통을 쪼개고 이빨을 부수시는 하나님을 찬양합니다.

다섯째, 하나님은 영광의 왕이십니다.

다윗은 하나님을 일컬어 영광의 왕이라고 고백합니다. 고대 근동에서 왕의 대관식 날에는 공평과 정의를 선포하게 되어 있었습니다. 만일 왕이 공의를 행하지 않으면 재난이 일어나고 나라가 위태로워진다고 믿었습니다. 하나님이 우리 삶에, 가정에, 국가에, 세계에, 우주에 왕으로 좌정하실 때는 진정한 평화가 있습니다. 하나님은 세상 왕과는 본질적으로 다른 왕이십니다. 주님은 자비하시지만 의로우시기에 두려운 분입니다. 사랑의 하나님이시면서도 분노하실 수 있는 분입니다.

하나님은 자신이 받아야 할 영광을 다른 어떤 것에 양도하시지 않습니다. 가장 큰 죄악은 하나님이 받으셔야 할 영광을 가로채는 것입니다. 세상의 소유주시요 창조자시며 복의 근원이시고 구원자시며 전쟁의 용사시며 영광의 왕이신 하나님은 예배를 받으시기 위해 거룩한 산에 성전을 세우셨습니다.

시편 24편은 거룩한 산 즉 하나님의 산에 올라 경배할 자의 자격에 대해 두 가지를 강조합니다. 하나는 손이 깨끗해야 한다는 것이고 또 하나는 마음이 청결해야 한다는 것입니다.

영광의 왕이신 하나님을 성산에서 뵈려면 우리의 손과 마음에 거짓이 없어야 합니다. 우리의 손의 행위와 마음을 감찰하시는 하나님 앞에서 두려움과 떨림으로 서렵니다.

이와 같으신 영광의 왕이 또 어디 계실까?

מִי זֶה מֶלֶךְ הַכָּבוֹד(미 제 멜렉 하카보드, 시 24:8).

여호와여

시편 25편

1. 목 내놓고 드리는 기도 시 25:1

여호와여 나의 영혼이 주를 우러러보나이다 (1절).

헬라어 성경 70인경은 시편 25편의 제목을 '다윗의 노래'라고 지었습니다. 히브리어 성경은 시편 25편부터 28편까지 동일하게 '다윗에게 속한'이란 제목을 가지고 있습니다. 시편 25편의 특징은 각 절을 히브리어 자음을 순서대로 사용한 단어로 시작한다는 것입니다. 이런 형식을 이합체acrostic라고 합니다.

1절은 첫 자음인 알렙אּ을 사용하여 : 엘레이카 אֵלֶיךָ (주님을 향하여).

2절은 두 번째 자음인 베트 בּ : 베카 בְּךָ(주님 안에).

3절은 세 번째 자음인 김멜 ג : 감 גַּם(마찬가지로).

4절은 네 번째 자음인 달렛 ד : 드라케이카 דְּרָכֶיךָ(주님의 길).

5절은 다섯 번째 자음인 헤이 ה : 하드리케니 הַדְרִיכֵנִי(나를 인도하소서).

6절은 여섯 번째 자음인 바브 ו가 생략되어 있지만 헬라어 성경과 시리아 성경은 바브에 해당하는 단어가 사용됩니다.

7절은 일곱 번째 자음인 자인 ז : 즈코르 זְכֹר(기억하소서).

8절은 여덟 번째 자음인 헷트 ח : 하트옷 חַטֹּאות(범죄함).

9절은 아홉 번째 자음인 텟트 ט : 토브 טוֹב(선하심).

10절은 열 번째 자음인 요드 י : 야드렉 יַדְרֵךְ(걷게 하소서).

11절은 열한 번째 자음인 카프 כ : 콜 כָּל(모든).

12절은 열두 번째 자음인 라메드 ל : 레마안 לְמַעַן(위하여).

13절은 열세 번째 자음인 멤 מ : 미 מִי(누구입니까?).

14절은 열네 번째 자음인 눈 נ : 나프쇼 נַפְשׁוֹ(그의 영혼, 그의 생명).

15절은 열다섯 번째 자음인 싸멕 ס : 쏘드 סוֹד(비밀).

16절은 열여섯 번째 자음인 아인 ע : 에이나이 עֵינַי(나의 눈).

17절은 열일곱 번째 자음인 페 פ : 프네 פְּנֵה(향하소서).

18절은 열여덟 번째 자음인 짜딕 צ : 짜롯 צָרוֹת(고통, 환란).

19절은 열아홉 번째 자음인 레쉬 ר : 르에 רְאֵה(보소서).

20절은 스무 번째 자음인 쉰 שׁ : 쇼므라 שָׁמְרָה(지켜 주소서).

(스물한 번째의 히브리어 자음 씬 שׂ은 이 시에서는 사용하지 않습니다.)

21절은 스물두 번째 자음인 타브 ת : 톰 תֹּם(온전함).

22절은 열일곱 번째 자음 페 פ를 다시 사용하여 : 프데 פְדֵה(속량하소서)로 시작합니다.

1절의 히브리어 본문은 대략 두 가지로 해석되어져 왔습니다. 영어 성경인 NIV와 NRSV는 "내 영혼을 드나이다"I lift up my soul로 번역하고 있습니다. 이 번역은 히브리어 '납쉬 에싸' אֶשָּׂא נַפְשִׁי를 문자 그대로 번역한 것입니다. 영어권의 유대인들이 즐겨 읽는 '타낙'이란 성경에서는 '내 소망을 주께 두나이다'I set my hope on You로 해석하고 있습니다.

나는 오늘 본문을 '목 내놓고 드리는 기도'라고 정했습니다. 이유인즉 본문에 나오는 '생명, 영혼'을 뜻하는 히브리어 '네페쉬'가 '목, 목덜미'라는 뜻을 가지고 있기 때문입니다.

해방촌 거친 동네에서 살 때 이웃끼리 싸우는 모습을 보고 자란 나는 목덜미 잡는 것이 상대방을 위압하는 공격 행위임을 잘 알고 있습니다. 다른 이미지는 어떤 억울한 일이나 슬픈 일을 경험한 아낙네가 목 놓아 우는 모습입니다. 우는 모습이 온 동네에 메아리치고 동네 사람들은 대성통곡하고 있는 여인의 사정을 알고 싶은 호기심에 곁눈질하며 추이를 살핍니다.

본문에서 내 목(생명, 영혼)을 들고 주를 향한다는 의미는 대략 두 가지로 해석해 볼 수 있습니다.

첫째, "내 생명이 주께 있습니다."

둘째, "내 영혼이 주만 바라봅니다."

이와 반대되는 태도로 성경에 교만한 사람을 뜻하는 '목이 뻣뻣한'קְשֵׁה־עֹרֶף(크쉐 오렙, 출 32:9)이란 표현이 있습니다.

오늘 새벽 주님 앞에 무릎을 꿇었습니다. 중보기도 해야 할 사람들의 얼굴들이 주마등같이 떠올랐습니다. 100명쯤 이름을 불러 가며 기도하는데 이내 지쳐 버리는 나 자신의 모습에 한없이 놀랐습니다. 주변에 목 내놓고 울며 기도하는 사람들이 참으로 많을 텐데 그 영혼들을 위해 내 목을 내놓고 기도하지 않는 내 모습이었습니다. 신앙의 타성에 빠져 목이 뻣뻣해져 있는 죄인의 모습이 바로 나였습니다. 나의 생명과 영혼의 참 주인이신 주님 앞에서 목을 내놓고 기도한다는 것은 나의 생명과 영혼을 주님께 맡기는 의미를 갖고 있습니다.

나의 영혼이 주를 우러러보나이다

יְהֹוָה נַפְשִׁי אֶשָּׂא(아도나이 납쉬 에싸, 시 25:1).

2. 하나님을 신뢰하기에 시 25:2

나의 하나님이여 내가 주께 의지하였사오니 나를 부끄럽지 않게 하시고 나의
원수들이 나를 이겨 개가를 부르지 못하게 하소서(2절).

영국 의료 보장 제도를 NHSNational Health Service라고 부릅니다. 영

국에 입국한 지 6개월이 지난 사람이면 영국인이 아니더라도 이 제도의 혜택을 누립니다. 약값을 본인이 내는 경우도 있지만 병원에서 치료와 입원, 수술, 검사가 모두 무료입니다. 반면에 이스라엘은 외국인에게 정부의 의료보험 혜택을 부여하지 않는 정책 때문에 개인 보험을 들어야만 혜택을 받을 수 있었습니다. 이스라엘에서 유학할 때는 의료보험이 없어서 고생한 경험이 많이 있었습니다. 특히 어린 딸아이가 아팠을 때 괴로움은 더했습니다. 보험 없이 병원에 간다는 것은 경제적으로 엄청 부담 되는 일이었습니다. 그래서 유학생들은 일인당 하루 1달러의 보험료를 낼 수 없어 아프면 그냥 참거나 민간요법으로 이겨 나가는 경우가 대부분입니다.

본문에서 시인은 하나님을 신뢰하기에 부끄러움을 당하지 않을 것이라고 고백합니다. 시인은 하나님을 나의 하나님이라고 부르고 있습니다.

신약의 요한복음은 이렇게 말합니다.

"영접하는 자 곧 그 이름을 믿는 자들에게는 하나님의 자녀가 되는 권세를 주셨으니"(요 1:12).

예수님을 믿기에 하나님을 나의 하나님이라고 부를 수 있는 권세가 주어졌다는 것은 놀랍고도 복된 소식입니다.

하나님은 나의 하나님이시기에
두려워 아니하리로다.

앞서 가시며 길을 인도하시기에
염려 없이
그분이 정하신 길을 따라 걸어가겠네.
때론
이곳저곳에 사탄이 파 놓은 웅덩이가 보이더라도
주님이 제공하시는 지팡이(십자가)를 붙잡고
온갖 어려움 이겨 나가리.

'신뢰한다'는 의미의 히브리어 동사 바타흐בָּטַח는 두 가지 명사 형태로 활용됩니다. 하나는 '안전'을 뜻하는 비타혼בִּטָּחוֹן, 또 하나는 현대 히브리어에서 보험을 뜻할 때 사용하는 '비투아흐'בִּיטּוּחַ입니다. 형용사로 쓰이는 베타흐בֶּטַח는 '틀림없는, 맞는'이라는 뜻을 갖고 있습니다. 하나님을 신뢰한다는 말을 주님께 보험을 들었기 때문에 안전하다고 적용해 보았습니다. 주님을 신뢰하는 것은 틀림없이 우리에게 기쁨과 유익을 가져다준다는 확신을 포함하는 말씀입니다.

나의 하나님이여 내가 주께 의지하였사오니

אֱלֹהַי בְּךָ בָטַחְתִּי(엘로하이 베카 바타흐티, 시 25:2).

• 히브리어의 헷트ח는 강하게 발음하기에 실제로는 비타콘으로 들립니다.

3. 하나님만 바라보며 시 25:3

주를 바라는 자들은 수치를 당하지 아니하려니와 까닭 없이 속이는 자들은 수치를 당하리이다 (3절).

예수님이 다시 오시는 그날까지 주님을 기다리는 신앙이란 무엇을 의미할까요.

첫째, 목 내놓고 주님의 처분만을 기다리는 신앙입니다.

둘째, 어떠한 상황에서도 주님만을 신뢰하는 신앙입니다.

셋째, 주님만을 바라보는 신앙입니다.

'기다린다'는 의미로 사용되는 히브리어 카베(קָוָה)는 하나님을 향해 직선을 긋는다는 의미를 지니고 있습니다. 우리는 공간의 제한을 받는 존재이지만 하나님은 무소부재하신 분이시기에 우리가 어디에 있든 주님을 향해 소망의 선을 그을 수 있습니다.

며칠 전 인터넷이 예고 없이 끊긴 적 있었습니다. 인터넷을 사용할 수 없게 되자 가족 모두 난리가 나서 어떻게 된 일인지를 서로 물어보았습니다. 잠시 통신이 두절되어도 한없이 답답해하는 우리의 모습이 적나라하게 드러나는 순간이었습니다. 그때 이런 생각이 떠올랐습니다. '하나님과의 통신 두절에는 그리 심각하게 반응하지 않는 것이 바로 우리의 모습이 아닐까?' 다시 시선을 주님께 고정하면서 직선을 긋기로 결심했습니다.

본문에서 시인은 주님을 바라보는 자들은 결코 부끄러움을 당하지 않을 것이라고 말합니다. 과연 이 말씀이 우리에게도 그대로 적용될 수 있을까요?

몇 년 전 취업 비자를 신청하기 위해 네덜란드를 방문한 적이 있었습니다. 비자를 받지 못하면 영국을 떠나야만 하는 순간에 직면했었습니다. 암스테르담에서 아내가 성경을 읽다가 무릎을 탁 쳤습니다.

"여보, 이 말씀을 보세요. 주님을 신뢰하며 주님만 바라보는 자들은 결코 부끄러움을 당하지 않는답니다."

시편 25편 3절이었습니다. 이 말씀을 아내가 내게 보여 주어 얼마나 큰 용기를 얻었는지 모릅니다.

인생의 배가 출항한 지 48년째 접어든 지금, 항해 지도와 나침판을 주님 손에 고스란히 넘겨드리고 불어오는 풍랑과 맞서 싸우고 있습니다. 주님이 우리 삶에 들어오셔서 머물고 계시는 한 풍랑과 해일은 우리가 탄 배를 덮칠 수는 있어도 침몰시킬 수 없습니다. 그 이유는 오늘도 우리가 주님만을 바라며 소망의 직선을 긋고 있기 때문입니다.

주를 바라는 자들은 결코 수치를 당하지 않으리로다

כָּל־קֹוֶיךָ לֹא יֵבֹשׁוּ(콜 코베이카 로 예보슈, 시 25:3).

4. 기억하소서 시 25:6

여호와여 주의 긍휼하심과 인자하심이 영원부터 있었사오니 주여 이것들을 기억하옵소서 (6절).

시학에서 '행간 걸침'enjambment이란 용어가 있습니다. 이것은 같은 의미를 가진 단어가 같은 행이나 연에서 반복되며 메시지를 전달하는 방법입니다. 6절에서 시인은 '긍휼'과 '자비'(인자)라는 단어를 사용하면서 하나님의 성품을 드러냅니다. 긍휼을 뜻하는 히브리어인 '라함'은 어머니의 자궁을 의미합니다. 따라서 하나님의 긍휼(사랑)은 어머니가 태아를 품는 자궁을 연상할 때 그 의미가 뚜렷하게 드러납니다. '자비'를 뜻하는 히브리어는 '헤쎄드'입니다. 사실 긍휼과 자비는 동일한 의미를 가질 수 있기에 학자들은 이를 중언법hendiadys이라고 부르기도 합니다. 중언법은 뒤의 단어가 앞 단어의 뜻을, 혹은 앞 단어가 뒤 단어의 뜻을 더욱 분명하게 뒷받침해 주는 방법입니다.

이런 생각을 해 보았습니다. 우리가 늘 사용하는 말이 한 편의 시로 정제되어 나오면 얼마나 아름다운 세상이 될까? 나도 가끔 시를 쓰곤 하지만 그야말로 해산의 고통을 감내해야만 겨우 한 편이 나오는 것을 경험하곤 합니다. 시간이 흐를수록 시편을 묵상하기가 더욱 어려움을 느낍니다. 받은 은혜를 글로 표현해서 나누는 것이 힘이 들어 요즘은 쉽게 글을 쓸 수 없는 자신을 발견하곤 합니다. 나를 작은 나무에 비유해 봅니다. 하나님의 말씀을 소화하는 과정의 진통을 느끼며 자라는 작은 나무.

요즘 며칠 동안 본문 6절의 말씀을 계속 묵상하고 있습니다. 기억하옵소서זכר(즈코르)로 시작하는 본문은 나의 상황을 기억해 달라는 기도가 아닙니다. 오히려 하나님을 향하여, "주님은 긍휼의 하나님, 자비의 하나님이 아니십니까?" 하고 하나님 당신의 성품을 상기시켜 드리는 기도인 것입니다. 하루의 창문을 열며 신선한 아침 공기를 마시면서 하늘 아버지를 향해 상기시켜 드릴 말씀이 무엇인지, 이합체 시 형식이나 행간 걸침이나 중언법 같은 세련되고 정제된 방식은 아니더라도 하나님께 그분의 사랑과 자비를 드러내 보이시도록 간청하시기를 바랍니다.

여호와여, 주의 긍휼과 자비가 영원하심을 기억하소서

זְכֹר-רַחֲמֶיךָ יְהוָה וַחֲסָדֶיךָ כִּי מֵעוֹלָם הֵמָּה (즈코르 라하메이카 아도나이 바하싸데이카 키 메올람 헴마, 시 25:6).

5. 주의 선하심을 인하여 시 25:7

여호와여 내 소시의 죄와 허물을 기억지 마시고 주의 인자하심을 따라 나를 기억하시되 주의 선하심을 인하여 하옵소서 (7절, 개역한글).

본문 7절에서 시인은 어릴 적의 종교적인 죄악 하타אֲ와 윤리적인 범죄 행위 페샤פֶּשַׁע를 용서해 달라고 간구하고 있습니다.

'내 소시'נְעוּרַי(네우라이)의 죄라는 말은 수사학적 표현으로서 실제로 어린 시절에 지은 죄라는 의미보다는 어린아이같이 지각이 없어 범한 종교적인 잘못을 용서해 달라는 의미가 더 적합한 이해입니다. 현대인들은 종교적인 죄악을 그렇게 심각한 것으로 여기지 않는 것 같습니다. 보통 종교적인 죄악을 교회를 다니지 않는다든지 종교적인 의무를 행사하지 않는 것으로만 생각하는 경향이 많이 있는데 가장 큰 종교적인 죄악은 하나님을 하나님으로 인정해 드리지 않고 그분을 경배하지 않는 것입니다.

시인은 사회적·윤리적인 범죄 행위에 대한 용서를 구하고 있습니다. 이것은 우리가 몸담고 있는 사회에서 우리가 범할 수 있는 모든 잘못을 포함합니다. 예를 들어 윤리·정치·경제·사회 정의와 반대되는 모든 잘못을 의미합니다.

시인은 용서의 근거를 주님의 자비와 선하심에 두고 있습니다. 범죄하지 않는 영혼이 누가 있겠습니까? 하나님께서 우리의 모든 잘못들을 기억하신다면 주님의 면전에 설 자가 누구이겠습니까? 잘못을 정직하게 직면하며 참회하는 것이 중요합니다.

주님의 인자하심을 따라 כְּחַסְדְּךָ(케하쓰데카, 시 25:7).

6. 시인의 하나님 이해 시 25:8

여호와는 선하시고 정직하시니 그러므로 그의 도로 죄인들을 교훈하시리로다
(8절).

본문에서 시인은 하나님을 좋은 분인 동시에 곧은 분이라고 고백합

니다. '선하다'라고 번역된 히브리어 토브שׁוֹב(좋다)라는 표현은 창조가 이루어지는 장면을 바라보시면서 하나님이 발하신 탄성과 관련되어 있습니다. 우리가 즐겨 부르는 찬송 가사인 "좋으신 하나님 좋으신 하나님 참 좋으신 나의 하나님"을 음미해 보면 이런 뜻이 있습니다. 창조주께서 피조물을 바라보시면서 기뻐하시는 모습에서 '좋다'라는 표현이 나왔다면 오늘날에는 피조물인 우리가 창조주를 바라보며 "보기에 참 좋습니다"라고 고백하는 의미가 있습니다.

'정직하다'라고 번역된 야샤르יָשָׁר는 하나님께서 야곱을 부르신 예수룬יְשֻׁרוּן(개역한글에서는 '여수룬'으로 번역)이란 표현과도 밀접한 관련이 있습니다. 여수룬은 '곧은 사람'이란 뜻입니다(사 44:2).

하나님의 좋으심은 곧으심과 깊이 연관되어 있습니다. 하나님은 마냥 좋으신 분만이 아닙니다. 엄격한 분이시기도 합니다. 죄인이 회개할 때는 용서하시지만 계속해서 그릇 행할 때는 심판하시는 곧은 분입니다. 좋은 것을 기대하기 전에 우리의 길을 평탄하게 하는 일이 필요합니다. 왜냐하면 좋은 것은 곧음과 함께 오기 때문입니다.

여호와는 선하고 정직하시니 טוֹב־וְיָשָׁר יְהוָה(토브 베 야샤르 아도나이, 시 25:8).

7. 온유함의 은혜 시 25:9

온유한 자를 정의로 지도하심이여 온유한 자에게 그의 도를 가르치시리로다
(9절).

'온유한 자'로 번역되어 있는 히브리어 아나빔עֲנָוִים은 동사 아나עָנָה에서 나온 명사입니다. 동사 '아나'에는 '대답하다, 몰두하다, 상처 입어 넘어지다, 노래하다'라는 의미가 있습니다.

본문에서 시인은 하나님께서 "온유한 인생에게 하나님의 길을 가르쳐 주시고 그 걸음을 주님의 공평으로 인도하신다"고 고백하고 있습니다. 예수님은 갈릴리 호수가 바라다보이는 팔복 산에서 "온유한 사람은 복이 있나니 저희가 땅을 기업으로 받아 누릴 것"이라고 말씀하셨습니다. 온유란 무엇일까요? 영어 성경 NRSV나 NIV는 '겸손'humble으로 번역했고, 유대인 영어 성경인 타낙은 '낮고 비천한'lowly의 의미로 번역했습니다. 나는 히브리어 동사 원형의 빛을 따라 온유를 '하나님께 대답하는 인생'으로 번역했습니다. 대답하는 인생으로 하나님을 향하여 서 있었던 성경의 모델은 모세입니다. 민수기 12장 3절은 모세의 온유함에 대해 이렇게 증언합니다. "이 사람 모세는 온유함이 지면의 모든 사람보다 더하더라."

이어 7절과 8절에서는 하나님께서 모세를 변론하시는 모습이 나옵니다. "내 종 모세와는 그렇지 아니하니 그는 내 온 집에 충성함이라 그와는 내가 대면하여 명백히 말하고 은밀한 말로 하지 아니하며 그는 또 여호와의 형상을 보거늘……."

모세는 원래 혈기 넘치는 레위인이었습니다(출 2:12). 모세의 혈기는 광야로 나가는 주요 원인이 되었고(출 2:15) 하나님께서는 광야학교의 훈련을 통해 모세를 가장 온유한 자로 만드셨습니다. 온유함은 저절로 얻어지는 것이 아닙니다. 광야학교를 거친 사람만이 얻을 수 있는 하나님의 훈육의 영적 열매가 온유입니다.

온유함은 주님을 향하여 응답하는 것을 의미합니다. 동시에 현재 당하는 고난으로 인해 무너져 있더라도 주님께 온 마음을 집중하여 주님을 찬양하는 텅 빈 가슴이 바로 온유함입니다. 하나님은 온유한 자의 걸음을 공평으로 인도하십니다. 인생에 지치고 힘이 들 때는 나의 잔을 비우셔서 주님의 공평으로 가득 채우시려는 하나님의 은총의 순간입니다.

온유한 자를 정의로 지도하심이여 온유한 자에게 그의 도를 가르치시리로다 יַדְרֵךְ עֲנָוִים בַּמִּשְׁפָּט וִילַמֵּד עֲנָוִים דַּרְכּוֹ(야드렉 아나빔 바 미슈파트 빌라메드 아나빔 다르코, 시 25:9).

8. 시편의 복음 시 25:10

여호와의 모든 길은 그의 언약과 증거를 지키는 자에게 인자와 진리로다(10절).

언제부터인가 내 마음속에는 '하나님께서 다음으로 인도하시는 길은 어디일까?'라는 질문이 생기기 시작했습니다. 본문을 묵상하다가 하나님께서 인도해 오신 48년간의 수많은 길이 떠올랐습니다. 어린 영아 시절, 영등포와 노량진에서 한강을 바라보며 살던 추억이 있습니다. 도동으로 이사한 네 살 때 남산의 추억, 다섯 살 때 해방촌으로 이주한 후 평광교회를 처음 나가던 날의 기억, 열아홉 살 때 대학 시험에 낙방한 날 15년간 정들었던 단칸방 집을 경매로 빼앗기고 이삿짐 차에 몸을 싣고 한강 다리를 건너 광명시로 이사 가던 기억, 재수 삼수생 시절의 신길동 전셋집의 삶, 다시 돌아온 해방촌의 사글세 방, 암에 걸린 동생과 함께 2년여간 살던 때의 행복, 대학원 시절 이태원 무당 사당방에서의 자취 생활의 추억, 성남에서의 교육전도사 생활, 새문안교회·충신교회 생활, 이스라엘 유학 시절 예루살렘 유대광야·다윗의 베들레헴·삼손의 소렉 골짜기·솔로몬의 기브온에서의 추억, 영국 본머스 바닷가에서의 5년간의 삶·런던 열방교회 개척기의 2년, 다시 돌아온 고국 충신교회·광명시 사택에서의 삶······.

"주의 모든 길은 그의 언약 안에 들어와 주의 증거의 말씀을 지키는 자들에게 은혜와 진리로다"라는 말씀을 나의 인생길 여정에 적용해 보았습니다.

사실 나는 주의 언약 안에 은혜로 들어왔지만 주님이 친히 증언하신 말씀을 지킨 적은 별로 없었습니다. 위의 본문과는 달리, 주님의 계약과 증언을 지키지 않는 나 같은 불충자에게 큰 은혜와 사랑을 베푸시는 까닭은 어디 있을까요? 언약의 백성이지만 주의 말씀대로 살지 않는 나 같은 죄인을 선대하시며 또한 주의 증거의 말씀을 무시하고 언

약 안에 들어오기를 거부하는 자까지라도 한없이 품으시는 하나님은
도대체 어떤 분일까요?

그분께서 나의 발을 그물에서 건지셨네

הוּא־יוֹצִיא מֵרֶשֶׁת רַגְלָי(후 요찌 메레쉣 라글라이, 시 25:15).

9. 여호와의 친밀함이 있는 인생 시 25:11-22

여호와의 친밀하심이 그를 경외하는 자들에게 있음이여 그의 언약을 그들에게
보이시리로다 (14절).

주님의 이름을 먼저 부르며 하루를 시작하면 좋겠습니다.
"거룩하신 주님이시여
당신의 귀하고 값진 이름으로
우리의 죄악을 사하여 주옵소서!"
11절에서 시인은 주님의 이름을 부르고 있습니다. 주님의 이름을 부르는 이유는 무엇입니까? 주께 자신의 많은 죄악에 대해 용서를 구하기 위해서입니다. 자신을 돌아보면 하나님과 교제하기에 합당치 않은 모습들을 발견하게 됩니다. 성전인 우리의 영혼과 육체가 주님이 거하시기에 불편하실 정도로 많이 더러워져 있음을 보게 됩니다. 하루의 잠을 깬 다음 제일 먼저 하는 것이 샤워이듯이 죄악으로 가득 찬 우리

의 영을 맑게 하는 샤워는 주님의 이름입니다.

12절부터 14절까지는 주님을 경외하는 자가 받아 누리는 축복에 대해서 언급합니다.

첫째, 택할 길을 인도해 주십니다.

둘째, 그의 영혼이 평안히 거하게 되며

셋째, 자손은 땅을 기업으로 받게 됩니다.

넷째, 하나님의 비밀을 알게 되고

다섯째, 주님과 언약을 맺고 교제하는 축복을 누리게 됩니다.

'여호와의 친밀하심'은 히브리어로 '여호와의 비밀'을 의미합니다. 이를 NIV는 '주님께서 신뢰하신다'로, NRSV는 '하나님의 우정'으로, 유대인 성경인 타낙은 하나님의 조언counsel으로 번역합니다. '경외'를 대부분의 영어 성경은 두려움fear으로 번역합니다. 그러나 나는 히브리어를 근거로 경외함은 하나님을 직면함에서 오는 과정과 결과라고 봅니다. 만일 주님이 나의 상상을 초월할 정도로 거룩한 분이라면 세상의 언어로 담을 수 없는 그 어떤 감정 혹은 반응이 경외함입니다. 주님의 거룩하심을 경험해 가는 멋진 하루가 되기를 주님의 이름으로 축복합니다.

여호와를 경외하라 יִרְא יְהוָה (예레 아도나이, 시 25:12).

 시편으로 고백하는 하나님 사랑

주를 신뢰하오니

시편 26편

1. 제련된 정금같이 시 26:1-2

여호와여
저를 판단해 주소서
저는 온전함 가운데 행하였사오며 주님을 신뢰하였기 때문에
제가 실족하지 않는다는 것을 말씀해 주소서
저를 조사하시고 시험하시고
제 오장 육부를 제련하여 불순물이 있나 살펴 주소서 (1-2절).

본 시에서 다음의 귀중한 교훈을 얻을 수 있습니다.

첫째, 하나님 앞에 서 있는 신앙('리프네이 아도나이' יְהֹוָה לִפְנֵי).

최종 판결을 내리시는 분은 하나님이시기에 그분 앞에서 판결을 기

다리는 신앙입니다.

둘째, 온전한 신앙생활의 중요성.

히브리어로 온전함을 뜻하는 탐םָּת은 흠이 없는 예물을 설명할 때 사용되는 단어입니다. '온전히 행한다'는 말은 '온전한 예물이 되는 삶을 산다'는 의미입니다. 하지만 성경에서 '탐'에 해당하는 삶을 산 사람은 노아, 야곱, 욥, 이 세 사람밖에는 언급되지 않습니다.

셋째, 주님을 신뢰하는 삶.

어떠한 상황에서도 주님만 바라보고 그분을 의지하는 삶을 말합니다. 시인의 기도가 우리의 기도였으면 좋겠습니다.

"하나님을 신뢰하였나이다" בַּיהוָה בָּטַחְתִּי (바아도나이 바타흐티).

주의 길 가운데 온전히 행하는 삶이 되기를 바랍니다. 그러나 만일 우리의 발목을 잡는 죄악이 여전히 우리를 지체하게 만든다면 주님의 제련소로 달려가는 용기 또한 받으시기를 기도합니다.

나의 완전함 가운데 행하겠나이다 אֲנִי בְּתֻמִּי אֵלֵךְ (아니 베툼미 엘렉, 시 26:1).

2. 주의 성전에서 뛰놀며 시 26:6-8

여호와여 내가 주께서 계신 집과 주의 영광이 머무는 곳을 사랑하오니 (8절).

본문에서 시인은 하나님의 성전을 세 가지로 표현합니다.

첫째, '주의 제단'מִזְבְּחֶךָ(미즈바하카, 6절).

제단은 주님께 예물을 드리는 곳이며, 동시에 드려지는 예물이 주께 흠향되는 장소로서의 의미가 있습니다.

청소년 시절, 좋아했던 아이에게 장갑을 선물해 본 적이 있습니다. 얼마나 가슴이 설레던지요. 추운 겨울만 되면 내가 준 장갑을 끼고 학교에 갈 아이를 생각하며 기분 좋아했던 경험이 있습니다. 주님께 드린 예물을 주님이 받으시고 향유하시는 것을 생각해 본 적이 있으신가요? 예물을 물질에 국한시키는 경우가 대부분이지만 확산된 의미로 보면 예물은 삶 자체입니다.

둘째, '주의 머무시는 장소'מְעוֹן בֵּיתֶךָ(메온 베이테카, 8절).

시인은 성전을 '피난처'라고 말합니다. 피난처를 뜻하는 단어 '마온'은 아랍어의 어근을 따르면 지지와 도움을 받는 곳입니다. 성전은 우리가 '지지와 도우심을 받는 피난처'의 의미를 가지고 있습니다. 성전을 향하여 예물을 들고 나아갈 때마다 우리를 도우러 마주 나아오시는 하나님을 기대해야 합니다.

셋째, '주의 영광의 장막'מִשְׁכַּן כְּבוֹדֶךָ(미슈칸 케보데카, 8절).

세상의 영광은 화려함으로 나타나지만 주님의 영광은 화려함을 넘어선 무게를 가지고 있습니다. 영광을 뜻하는 히브리어 '카보드'의 원래 의미는 '무거움'입니다. 마주 서서 대하기에, 모셔 서기에 감당할 수 없는 분께서 임하시는 모습이 본문에서 말하는 주의 영광입니다. 장막을 뜻하는 히브리어는 '미슈칸'입니다. 이 단어는 '머물러 이웃이 된다'는 뜻을 지니고 있습니다. 성전에는 하나님이 잠깐 지나가는 나그네로서가 아니라 이웃으로 우리 가운데 오셔서 임하신다는 의미가 있는 것입니다.

성전이 우리에게 있다는 것은 큰 축복입니다. 그 감격 속에서 시인은 성전을 사랑한다고 고백합니다. 사랑의 마음을 지니고 있기에 시인은 성전에 나아갈 때마다 손을 깨끗이 씻습니다. 손을 씻는다는 말은 성물을 대할 손으로 준비하는 것을 의미합니다. 우리의 손을 바라보며 묵상해 보았으면 합니다.

이 손은 축복의 손인가?

이 손은 넘어진 이웃을 일으켜 주는 손인가?

이 손은 평화를 구하는 악수의 손인가?

이 손은 기도하는 손인가?

축복의 손, 긍휼의 손, 평화의 손, 기도와 찬송의 손을 가지고 성전으로 나아간 시인은 두 가지 주목할 만한 행위를 하고 있습니다.

첫째, 감사를 드리고 있습니다.

"감사의 소리를 발하리로다"(7절).

생각해 보면 감사할 것이 너무 많이 있습니다. 건강 주신 것, 가정 주신 것, 음식 주신 것, 이웃 주신 것…….

둘째, 주께서 친히 행하신 놀라운 일들을 설명합니다(7절).

우리 인생을 돌아보면 주님의 기적 아닌 것이 없습니다. 인생의 나이테가 굵어 갈수록 주님에 대해 할 말이 많기를 바랍니다. 불평과 후회의 말보다는 감사와 찬송의 말이 많아지기를 간절히 원합니다.

감사의 소리로 בְּקוֹל תּוֹדָה(베콜 토다, 시 26:7).

3. 그날에 시 26:9-12

내 발이 평탄한 데에 섰사오니 무리 가운데에서 여호와를 송축하리이다(12절).

영국에 살 때 새로 생긴 취미 하나는 정원 가꾸기와 화분 관리입니다. 10여 년 동안 정원 한구석에 수북이 쌓여 썩어 버린 나무들을 거름으로 쓰려고 정원에 옮겨 놓는 작업을 한 적이 있었습니다. 늦가을에 떨어진 밤나무 잎을 거름과 섞는 작업도 하였습니다. 찰진 땅을 바라보며 씨 뿌릴 봄이 오기를 손꼽아 기다리는 농부처럼 연일 하늘을 바라보고 있었습니다. 정원 곳곳에 기지개를 펴며 올라오는 수선화와 난들이 인사합니다. 선인장을 분가시켜 만들어 놓은 20여 개의 화분들이 따스한 햇볕을 애타게 기다립니다. 나무와 꽃들을 가꾸면서 농부이신 하나님의 심정을 조금이나마 헤아려 봅니다. 최적의 조건에서 자라도록 화분갈이도 해 주고 목마를까 수분 공급을 해 주고 태양이 얼굴 빛을 보일라 치면 곧 자리 옮김도 해 줍니다. 이렇게 정성을 기울이는 까닭은 성장을 기대하기 때문입니다. 하나님도 마찬가지시겠지요?

오늘 본문은 심판의 날에 시인이 하나님께 간구하는 내용을 담고 있습니다. 예수님이 말씀하신 가라지와 알곡 비유에서처럼 그날에는 심판의 골라냄이 있음을 본문에서도 보게 됩니다.

시인은 9절에서 이렇게 기도합니다.

"내 영혼을 죄인과 함께, 내 생명을 살인자와 함께 거두지 마소서."

세상의 죄악에 물들지 않기는 쉽지 않습니다. 이를 위해 우리는 끊임없이 주의하고 결단해야 하므로 늘 영적 긴장감이 있습니다. 시인은 생명을 소중히 여기는 삶을 실천하고자 하며, 무고한 피를 흘리는 사람과 철저한 단절을 선언합니다. 시인은 피를 흘리는 사람과 죄인을 동격 취급하고 있습니다. 그들 마음에는 악한 꾀가 담겨 있고 손에는 정직하지 않은 물질이 가득하기 때문입니다. 시인은 주의 개입의 때를 기다리며 온전한 길을 걷겠노라고 마음가짐을 새롭게 합니다. 시인은 주께서 임하실 때를 기다리며 이렇게 자비를 구합니다.

"주여 저의 영혼을 속량하시며 기도에 신원하여 주옵소서. 나의 발이 평탄한 데 서게 하시고 주를 바라는 무리 가운데서 주님을 찬송하게 하옵소서"(11-12절).

회중 가운데에서 여호와를 송축하리이다

בְּמַקְהֵלִים אֲבָרֵךְ יְהוָה(베막헬림 아바렉 아도나이, 시 26:12).

내가 누구를 무서워하리요?

시편 27편

1. 여호와는 나의 빛이시니 시 27:1 상

여호와는 나의 빛이요······ (1절).

대학 시절 같은 과에 시각장애인 친구가 둘 있었습니다. 나도 그 당시 심각한 안질을 앓고 있었기에 동병상련의 아픔을 나누곤 했습니다. 어느 날 친구에게 이렇게 물어 보았습니다. "희원아, 넌 눈 뜨고 싶지 않니?" 쉽지 않은 질문이었습니다. 그래도 도우미가 없으면 맨홀에 빠져 다치는 희원이가 너무 애처로웠기 때문입니다. 후천적 장애를 입은 희원이는 피아노 연주 솜씨가 일품입니다. K 대학 음대에 지원했으나 장애인이란 이유로 입학을 거부당한 후 숭실대로 온 그 친구와 빛에 대해서 많은 대화를 나누었습니다. 희원이는 내게 "난 시력을 잃은 뒤 주님의 빛을 보게 되었단다"라고 대답했습니다.

다른 한 친구는 자신이 장애를 입게 된 과정을 설명해 주었습니다. 초등학교 시절, 몇 년 후엔 시력을 잃게 된다는 청천벽력의 소리를 들은 대희 어머니는 어린 아들을 데리고 버스를 탑니다.

"눈을 감고 열 번을 세면

청계천 세운상가

또 다시 열 번을 세면 을지로 4가……."

이렇게 어머니는 눈 멀게 될 아들을 위해 세상 대처 방식을 가르칩니다. 대희가 시력을 잃은 뒤 맹학교를 들어갑니다. 그 후 공부를 열심히 해서 숭실대를 수석으로 입학하고 또 과 수석으로 졸업합니다. 내 왼팔과 오른팔을 붙잡고 걷는 대희와 희원이. 우리는 이렇게 대학 3년 반을 다녔습니다. 서로 헤어져 오랜 세월이 지났습니다. 희원이와 대희는 미국으로, 나는 이스라엘로 유학을 떠났습니다. 하나님의 은혜로 희원이는 콘웰 대학 교목이 되었고, 대희는 컴퓨터 공학박사가 되었습니다.

본문에서 시인 다윗은 "주님은 나의 빛이시다"라고 고백합니다. 주님께서 나의 빛이 되신다는 의미는 무엇일까요? 친구 희원이와 대희를 바라보면서 생각해 봅니다. 눈을 떴어도 미래를 내다보지 못한다면 영적 시각장애인이지만 육신의 눈은 감겼어도 영적 눈이 떠 있으면 행복한 사람입니다. 우리의 육신의 눈은 건강합니까? 하지만 영의 눈은 어떤 상태일까요? 본문 말씀을 대하면서 이런 결심을 하게 됩니다. 일차적으로는 육신의 눈을 잃은 우리 주변의 친구들의 도우미가 되고 이차적으로는 영적 눈을 감은 사람들에게 주님의 빛을 소개하는 나팔수가 되게 하소서.

주님은 나의 빛이십니다 יְהוָה אוֹרִי(아도나이 오리, 시 27:1).

2. 나의 구원이신 하나님 시 27:1 중

……나의 구원이시니 내가 누구를 두려워하리요…… (1절).

이사야 선지자는 하나님의 구원을 이렇게 노래합니다.
"보라 하나님은 나의 구원이시라

내가 신뢰하고 두려움이 없으리니

주 여호와는 나의 힘이시며 나의 노래시며 나의 구원이심이라

그러므로 너희가 기쁨으로

구원의 우물들에서 물을 길으리로다"(사 12:2-3).

다윗은 "하나님은 나의 구원이시다"라고 선포합니다. 우리에게 구원자가 계신다는 사실은 심리적 안정감을 가져다줍니다. 따라서 어떤 상황에 처한다 할지라도 두려워할 필요가 없습니다.

2천 년 전 예수 그리스도께서는 갈릴리 호숫가에서 고기잡이로 평

생을 보내는 어부들을 구원하시기 위해 친히 찾아오셨습니다. 어부들이 가장 두려워하는 것은 밤새도록 수고해도 고기를 잡지 못하는 상황과 무섭게 불어 닥치는 풍랑입니다. 물고기를 잡지 못하면 생계를 유지하기가 힘들어지고 갑자기 불어 닥친 풍랑은 전 재산인 배를 날려 보내는 공포를 가져다줍니다. 하지만 갈릴리 어부들에게는 구원의 능력이 충만하신 예수님이 계셨습니다. 갈릴리의 어부들은 밤새 열심히 수고했지만 얻은 것이 없는 상황에서 예수님의 말씀을 의지하여 그물을 내리니 그물이 찢어질 정도로 수확을 얻었습니다(눅 5:1-11). 바다에 큰 풍랑이 일어나 물결이 배에 덮이게 되었을 때에 어부들은 주무시던 예수님을 깨워 위기를 극복했습니다(마 8:23-27).

인생 걸음을 두렵게 하는 것은 무엇입니까? 패배, 실직, 질병, 재난, 사고, 불확실한 미래, 전쟁……. 다윗에게는 사울 왕이 두려움을 가져다주었습니다. 까닭 없이 미워하고 죽이려는 사울 왕을 피해 광야 험로를 다녀야만 했습니다. 광야에는 외로움과 서러움, 그리움이 있었습니다. 원통함도 있었습니다. 또한 처절한 절망감에 짓눌리기도 했습니다. 막강한 권력을 폭력적으로 휘두르는 사울 왕에게서 피할 수 없을 것만 같았습니다. 하지만 다윗을 광야로 내모시는 하나님의 생각은 달랐습니다. 다윗은 도망가면서 체력을 단련했습니다. 극한 상황에 처한다 해도 생존해 내는 강인함을 배웠습니다. 광야에서는 오직 생존 외에 다른 생각을 할 여유가 없었기에 다윗은 순수성을 유지할 수 있었습니다.

오늘의 말씀을 다시 붙잡습니다. 주님께서 나의 구원이시니 누구를 두려워하겠습니까? 삶과 죽음, 흥함과 망함, 앉고 일어섬이 오직 하나님께 있음을 고백하며 우리 인생 걸음을 멋지게 구원으로 인도하실 주님을 찬송합니다. 할렐루야!

재앙의 날에 나를 장막에 숨기시고

יִצְפְּנֵנִי בְּסֻכֹּה בְּיוֹם רָעָה (이쯔페네니 베쑤코 베욤 라아, 시 27:5).

3. 생명의 능력 되신 하나님 시 27:1 하

……여호와는 내 생명의 능력이시니 내가 누구를 무서워하리요 (1절).

시편 27편 1절에서 시인 다윗은 하나님을 빛과 구원과 생명의 능력이라는 세 가지 은유로 설명합니다.

히브리어로 생명은 하임חיים입니다. 동양 문화권에서 축배를 들 때 '건배'라는 말을 하지만 이스라엘에서는 '생명'(하임)이라 외치며 잔을 대합니다. 지구 상에 떠도는 수많은 말 중에 가장 귀중한 단어는 생명이 아닐까요?

이 글을 쓰면서 정원을 바라보고 있습니다. 겨우내 숨어 지내던 수선화가 예쁜 얼굴을 내밀고 있습니다. 밤나무 밑에서 겨우내 뿌리앓이하며 잠들어 있던 수선화가 생명의 기지개를 펴는 모습은 큰 기쁨을 가져다줍니다. 상수리나무 밑에서는 서양 난들이 연녹색의 옷을 입고 등장하고 있습니다. 살아 있다는 것 자체가 얼마나 축복된 일인지요. 주님께서 지으신 아름다운 자연의 내음을 맡아 봅니다.

"주님 감사합니다."

가족을 생각해 보았습니다. 감사하게 아침에 일어나면 가족이 모두 살아 서로 정다운 인사를 나눕니다. 우리 집 아침 인사는 '갓 블레스 유'God bless you입니다. 오늘부터 시험을 치르는 딸 하나에게 "하나야 사랑해. 주님의 이름으로 너를 축복한다" 말하고 안아 주고 기도해 줍니다. 엄마 차 타고 학교로 달려가는 뒷모습을 바라보며 생명 주심에 감사해합니다. 아들의 용돈을 위해 은행에 달려가 돈을 찾고 버스를 기다리는 아들에게 건네주며 안아 줍니다.

"효철아 고맙구나! 사랑한다. 공부 열심히 하거라."

이토록 소중한 생명은 깨지기 쉬운 육신이란 그릇 안에 담겨 있습니다. 따라서 인생들은 깨지기 쉬운 육신 안에 담긴 생명을 보존하기 위해 많은 노력을 기울입니다. 좋은 영양, 쾌적한 주거 환경, 안정되고 평안한 정신 건강, 기분 좋은 인간관계……. 그러나 우리가 그토록 지키려고 힘쓰는 울타리는 약하여 언제라도 쉽게 허물어질 수 있기에 우리를 불안케 하곤 합니다.

하지만 오늘 본문은 우리에게 큰 위로와 확신을 줍니다.

"주님께서 우리의 생명을 보존하는 능력을 가지고 계신다!"

능력으로 번역된 히브리어 마오즈מָעוֹז는 요새로 번역될 수 있습니다. 주님은 우리의 생명을 요새에 담아 지키십니다. 요새 안에 담겨진 우리의 생명을 누가 넘보거나 정복할 수 있을까요? 우리의 생명은 예수 그리스도의 보혈로 적셔진 요새 안에 담겨져 있습니다. 따라서 우리가 받아 누리는 생명은 영원합니다. 위에서 언급한 모든 행복의 순간들도 생명이 있기에 가능한 것입니다. 우리의 생명은 주님이란 든든한 반석, 요새 안에 들어와 보호를 받기에 얼마나 감사한지요?

생명의 능력, 요새이신 우리 하나님!

여호와가 내 생명의 요새이신데 내가 누구를 두려워하리요

יְהוָה מָעוֹז־חַיַּי מִמִּי אֶפְחָד (아도나이 마오즈 하야이 밈미 에프하드, 시 27:1).

4. 우리가 친히 맞서 싸울 필요가 없습니다 시 27:2-3

악인들이 내 살을 먹으려고 내게로 왔으나 나의 대적들, 나의 원수들인 그들은
실족하여 넘어졌도다 군대가 나를 대적하여 진 칠지라도 내 마음이 두렵지 아
니하며 전쟁이 일어나 나를 치려 할지라도 나는 여전히 태연하리로다(2-3절).

하나님을 섬기는 사람은 대적이 전쟁을 벌이려 다가올 때 어떻게 해야 할까요? 본문에서 대적을 표현하는 히브리어 단어 셋이 사용되고 있습니다.

첫째, 재앙을 가져다주는 사람들인 메레임 מְרֵעִים.

둘째, 내 인생을 협소하게 만들고 고통을 주는 사람들인 짜르 צָר.

셋째, 적을 뜻하는 오옙 אוֹיֵב.

(에스더 7장 6절은 하만을 일컬어 '짜르와 오엡'צוֹרֵר וְאֹיֵב이라고 표현합니다.)

본문에서 대적의 전략은 나의 살을 먹겠다는 것입니다. 시인은 직설적으로 대적이 공격하는 이유를 분명히 말해 주고 있습니다. '내 살을 먹으려고'라는 표현은 나를 짓밟을 뿐 아니라 나를 아예 집어삼켜 흔적도 없애려는 계획을 의미합니다. 대적의 전술은 주변에 병영을 세워 놓고 나를 압박해 들어오는 것입니다. 완전 무장을 한 채로 나를 공격하기 위해 한 걸음씩 가까이 나아온다는 말입니다. 한두 명도 아니고 마치 군대 귀신처럼 내 주변에 포진하여 호시탐탐 기회를 엿보는 원수들. 이러한 상황을 시인은 한마디로 전쟁 מִלְחָמָה(밀하마)이라고 말합니다.

히브리대학에서 유학하던 기간 동안 늘 듣던 말이 바로 전쟁이었습니다. 1948년 독립전쟁, 1956년 시나이 전쟁, 1967년 6일 전쟁, 1973년 대 속죄일 전쟁, 1982년 레바논 전쟁, 1991년 걸프 전쟁에 이르기까지 현대 이스라엘은 늘 전쟁에 휘말려 왔습니다. 대외적인 전쟁뿐 아니라 국내에서도 테러와의 전쟁 임무를 수행해야 하는 이스라엘 사람들을 보면서 전쟁이 주는 스트레스를 잘 이해하게 되었습니다.

창세기 26장은 이삭이 처음으로 만난 난관에 대해 언급합니다. 이삭은 아버지에게 얻은 기업을 송두리째 빼앗아 가 버릴 정도로 위력이 큰 기근을 만납니다. 가축을 기르며 살던 이삭에게 땅의 기근은 엄청난 위기감을 느끼게 하였습니다. 이삭은 이 난관을 타개하기 위해 살 길을 찾아 이집트로 발길을 향합니다. 이집트와 가나안 땅의 경계에 있던 그랄이라는 땅(오늘날의 가자 지구)을 향해 가는 길에서 뜻밖에 하나님을 만납니다. 하나님께서는 이삭에게 이렇게 말씀하십니다.

"애굽으로 내려가지 말고 내가 네게 지시하는 땅에 거주하라 이 땅에 거류하면 내가 너와 함께 있어 네게 복을 주고 내가 이 모든 땅을 너와 네 자손에게 주리라 내가 네 아버지 아브라함에게 맹세한 것을 이루어 네 자손을 하늘의 별과 같이 번성하게 하며 이 모든 땅을 네 자손에게 주리니 네 자손으로 말미암아 천하 만민이 복을 받으리라"(창 26:2-4).

그 후 이삭은 그랄에 머물게 됩니다. 하나님을 만난 이삭이 왜 가나안 땅에 머물지 않고 경계선에 있는 그랄에 머물렀는지, 그것이 이삭의 불신앙인지 아니면 그곳이 하나님께서 머물라고 지시하신 땅인지 분명히 알 순 없지만 이삭은 아내를 누이라고 속이며 그 땅에서 나갈 날만을 기다립니다. 다행히 이삭이 아내 리브가를 사랑하는 장면을 그랄의 통치자가 보게 되어 이삭은 이방 왕의 선언으로 아내를 보호받으며 그랄 땅에 정착하게 됩니다. 이삭이 처음으로 한 사업은 농사였습니다. 목축업에 익숙했던 이삭이 갑자기 농사를 짓기 시작합니다. 더 이상 목축업이 기근으로 인해 불가능해지자 양을 상당수 처분하고는 땅을 산 것 같습니다. 그런데 성실하신 하나님의 약속대로 이삭은 뜻밖의 대 수확을 거두게 됩니다. 백 배라고 번역된 히브리어 '메아 쉐아림' שְׁעָרִים מֵאָה은 '백 개의 문'이라는 뜻입니다. 히브리어 샤아르שַׁעַר는 명사로는 '문'을 의미하며 동사로는 '셈하다'입니다. 하여간 셈을 해 보니 씨 뿌린 것의 백 배를 거두게 되었다는 것입니다.

어떻게 이런 일이 가능했을까요? 이유인즉 이삭 주변에 샘이 터져 나왔기 때문입니다. 아버지 아브라함이 판 우물은 그랄 사람들이 시기하여 메워 버렸습니다. 하지만 이삭이 농사를 짓는 주변에 하나님은 곳곳마다 샘이 솟아나게 만드셨습니다. 하나님께서 솟게 하신 샘물로 농사를 지어 승리한 이삭은 그 후에 계속해서 그를 괴롭히며 싸움을 걸어오는 대적들에 대해 맞서 싸우지 않고 양보합니다. 양보할 때마다 그것에 의미를 부여하는 단어를 사용하여 미래의 교훈으로 삼습니다. 다툼עֵשֶׂק(에쎅, 20절), '고소, 적대 혹은 사탄'שִׂטְנָה(씨트나, 21절), '지경이 광활하게 넓어짐'רְחֹבוֹת(르호봇, 22절).

이삭은 최악의 상황에서 성실하신 하나님을 바라보며 그 약속에 의지한 결과, 가는 곳마다 샘이 터져 나오는 복을 경험합니다. 자기들은 아무리 파고 파도 나오지 않던 곳에서 이삭이 파기만 하면 샘이 솟아나자 대적들은 급기야 두려움을 갖게 되고 먼저 찾아와 화친을 청하게 됩니다.

오늘날의 영적 싸움도 마찬가지입니다. 사탄은 늘 싸움을 걸어옵니다. 우리의 살을 뜯어 먹고 우리 존재 자체를 말살시키기 위해서 문화·경제·정치·종교·윤리의 옷을 입고 천사를 가장한 채 우리에게 나타나 싸움을 걸어옵니다. 이 영적 싸움에서 우리는 어떻게 사탄의 음흉한 궤계를 물리칠 수 있을까요?

오늘 본문에서 시인이 내놓은 대답은 '하나님을 신뢰하기'입니다.

"급박한 실전의 상황에 놓인다 할지라도 나는 하나님만을 신뢰하겠나이다"(3절).

우리는 어떻습니까? 사방을 조여 압박해 오는 난제들 앞에서 살 수 있는 길은 오직 하나뿐입니다. 그것은 주님을 신뢰하는 것입니다. 싸움을 걸어오는 사탄과 직접 마주 싸울 필요가 없습니다. 이사야 선지자의 예언처럼 약속하신 주님께서 그 대적의 골통을 부수실 것입니다. "그날에 여호와께서 그의 견고하고 크고 강한 칼로 날랜 뱀 리워야단 곧 꼬불꼬불한 뱀 리워야단을 벌하시며 바다에 있는 용을 죽이시리라"(사 27:1). 아멘!

나는 하나님을 신뢰합니다 אֲנִי בוֹטֵחַ(아니 보테아흐, 시 27:3).

5. 멋쟁이 하나님께 시 27:4

내가 여호와께 바라는 한 가지 일 그것을 구하리니 곧 내가 내 평생에 여호와의
집에 살면서 여호와의 아름다움을 바라보며 그의 성전에서 사모하는 그것이라
(4절).

요즘 하나님께서 터뜨리신 일복으로 행복한 시간들을 보내고 있습니다. 월요일에는 사모님들과 함께 성경에 나오는 여인들을 주제로 '눈물의 여인 하갈'과 '기도의 어머니 한나', '부활의 첫 증인 막달라 마리아'에 대해서 나눔을 가졌습니다. 화요일에는 성경연구원에서 목사님들과 함께 예레미야애가를 히브리어로 읽고, 수요일은 요한일서를 헬라어로, 목요일은 창세기를 히브리어로 읽습니다. 금요일은 부

활을 주제로 다룬 공관복음 전체를 함께 나누었습니다. 주일은 섬기는 교회에서 마가복음을 공부합니다. 하나님께 "일복을 주세요" 하고 늘 간구했더니만 글쎄 일주일 내내 일하게 하십니다.

얼마 전 일입니다. 옥스퍼드의 한 연구소로부터 연락을 받았습니다. 아쉽게도 내가 제안한 2년의 연구 교수직 자리를 줄 수 없다고. 잠시 멍했지만 마음을 가다듬고 그동안 나를 위해 기도해 준 가족들에게 이 사실을 알리고 고마움을 표했습니다. 딸아이가 위로하더군요.

"아빠, 우리 감사해요."

"그래 다른 뜻이 계시겠지. 하나님 감사합니다."

삽과 괭이를 들고 정원으로 나가, 땅을 파고 돌을 골라냈습니다. 그런 후에 울산에서 독서 문화 운동을 하시는 분이 보내 주신 봉선화 씨를 정성껏 심었습니다. 정든 이 집을 곧 떠나지만 나중에 들어올 사람을 위해서입니다.

오늘 본문에서 시인은 하나님을 향하여 딱 한 가지의 소원을 아룁니다. 그것은 생명이 다하는 날까지 하나님의 집에 거하는 것입니다. 구할 것이 참 많을 텐데 다른 것 다 접어 두고 이 기도를 드리는 시인은 그 이유를 이렇게 말합니다.

"주의 전에서 여호와의 멋짐을 기대하기에"(4절).

멋짐이라고 번역한 히브리어 노암נֹעַם은 명사로는 '환희, 유쾌함', 동사로는 '사랑스럽다, 기쁘다, 즐겁다'의 뜻입니다. 같은 어근을 가진 아랍어로는 '풍성하다, 편안하다, 기쁘다, 자비를 보이다'의 의미로 사용됩니다.

힘들고 어려울 때마다 주님이 더 보고 싶습니다. 하나님의 사랑스럽고 어지신 모습을 대하고 싶은 까닭은 많이 지쳐 있기 때문인 것 같습니다. 꽃을 가꾸면서 멋쟁이 하나님을 생각해 봅니다. 주께서 지으신 꽃들이 이렇게 아름다운데 하나님은 얼마나 아름다우실까? 힘들고 지칠 때 오늘의 본문은 우리에게 큰 위로와 소망을 줍니다. 우리는 찾아가 쉴 곳이 있습니다. 바로 멋쟁이 하나님이 계시는 성전입니다.

하나님께 구할 한 가지는

אַחַת שָׁאַלְתִּי מֵאֵת־יְהוָה (아핫 샤알티 메엣 아도나이, 시 27:4).

6. 나를 숨겨 주시는 하나님 시 27:5

여호와께서 환난 날에 나를 그의 초막 속에 비밀히 지키시고 그의 장막 은밀한
곳에 나를 숨기시며 높은 바위 위에 두시리로다 (5절).

본문에서 시인은 환난 날에 하나님께서 주님을 신뢰하는 자를 어떻게 보호하시는지에 대해 말합니다. 시인의 고백에 따르면 하나님은 다음의 세 가지 장소를 사용해서 주님의 자녀들을 보호하십니다.

초막 סֻכֹּה (쑤코).

반석 צוּר (쭈르).

'그분의 은밀한 장막'이라 סֵתֶר אָהֳלוֹ (쎄테르 오홀로).

'나를 초막 속에 비밀히 지키신다'로 번역된 단어는 보석이나 보물을 보관한다는 의미로 사용되는 히브리어 동사 짜판 צָפַן 입니다. '주께서 보관해 놓으신 사람'이라는 뜻의 스바냐 선지자의 이름이 이 단어와 깊은 관련을 맺고 있습니다.

보통 보석은 보석함에 보관해 두는 법이지만, 여기서는 광야에서 흔히 찾을 수 있는 나뭇가지로 엮은 초막에 나를 보석처럼 숨겼다고 말합니다. 히브리어적 표현으로 전통에 가득한 화살의 의미도 이와 상통하는데, 전통을 뜻하는 단어 아슈파 אַשְׁפָּה 는 쓰레기 더미의 의미를 아울러 지니고 있습니다. 쓰레기 더미 속에 묻혀 있는 보석, 마치 밭에 숨긴 보화처럼, 다른 사람들이 '설마 저곳에 보석이'라고 생각조차 할 수 없는 곳에다 나를 보관해 놓으신다는 말씀입니다.

광야에서 반석은 적에게서 피할 수 있는 은신처입니다. 영적으로는 반석이신 예수 그리스도를 의미합니다. 만일 우리가 진리이신 예수 그리스도라는 반석 위에 굳건히 서 있지 못하면 재앙의 날을 견디어 낼 재간이 없다는 것이 또 하나의 가르침입니다.

시인이 고백하는 대로 주님은 사람들이 전혀 눈치 챌 수 없는, 오직 주님만이 알고 계시는 은밀한 장소에 나를 숨겨 놓으십니다. "나사렛에서 무슨 선한 것이 나올 수 있느냐?"는 회의 섞인 질문과 의미가 상통합니다. 하지만 보석은 사람들의 생각과는 달리 하나님만이 아시는 장소에 조용히 보관되어 있음을 오늘의 본문은 말해 줍니다.

현재 환난의 옷을 입고 계십니까? 타인에게 주목받지 못해 의기소

침해 계시지는 않으십니까? 본문을 통해 기억하시기 바랍니다. 지금의 시련의 순간이 주님께서 나를 보석으로 만드시는 과정이라면 오히려 기뻐해야 합니다.

지푸라기 옷을 입고 숨겨져 있는 보석.
설마 이런 곳에
아무도 알아주지 않고
찾으려 하지 않아도
난
주님이 만드시는 보석.
그분의 때에
맘껏 쓰시려고
쓰레기 더미 속에 묻어 둔
보석.
언젠가
주님께서 툭툭 털어
당신의 거룩한 장막 안에
넣어 두고
즐거워하실 날이 있겠지.

나를 반석 위에 세워 주셨네 כְּצוּר יְרוֹמְמֵנִי(베쭈르 예롬메니, 시 27:5).

7. 주께서 나의 머리를 드실 때 시 27:6

이제 내 머리가 나를 둘러싼 내 원수 위에 들리리니 내가 그의 장막에서 즐거운
제사를 드리겠고 노래하며 여호와를 찬송하리로다 (6절).

본문 6절에서 시인은 사방을 둘러싼 적으로 인해 곤란을 겪던 자신
을 주님께서 회복시켜 주신 데 대해 감사하고 있습니다. 시인은 주님
과 은밀한 교제가 있었던 장막으로 달려갑니다. 그러고는 주님의 장막
에서 찬송의 제단을 쌓고 감사를 드립니다. '즐거운 제사'라고 번역한
히브리어 '지브헤이 트루아'זִבְחֵי תְרוּעָה는 수양의 뿔로 된 나팔을 불며
주님의 구원을 노래하는 행위로 해석될 수 있습니다. 6절에서는 '찬송
한다'라는 단어가 둘 나오는데 하나는 '내가 시로 노래하고'אָשִׁירָה(아쉬
라), 다른 하나는 '내가 악기를 사용해서 노래하리니'אֲזַמְּרָה(아자므라)입니
다. 첫째 단어의 '쉬르'는 '노래한다'라는 의미이지만 명사형으로는 '시
를 써서 노래함'이라는 뜻을 가집니다. 두 번째 단어인 '자마르'는 같
은 셈어인 아랍어로는 '갈대로 만든 파이프로 연주한다'라는 뜻이며
에티오피아어로는 '흥얼거리다'라는 뜻이 있습니다.

시편을 묵상하는 내게도 오늘의 본문을 기록한 시인처럼 주님께서
머리를 들어 주시는 일이 일어났습니다. 주님의 전적인 자비하심으로
인해 15년간의 훈련 끝에 2005년 4월 28일 꿈에 그리던 목사 안수를
조국에서 받게 되었고, 6월 5일에는 히브리대학에서 공부를 시작한지
14년 만에 박사학위를 받게 되었습니다. 갑자기 다가온 축복을 맞이하
면서 제일 먼저, 주님과 교제했던 골방으로 달려가 종이를 꺼내 놓고

하나님이 하신 실로 아름다운 일을 적어 보았습니다.

나의 머리를 드신 주님
외로움과 절망 속에서 무릎 꿇었을 때
나를 어루만져 주셨던 주님
나팔을 들어 불며
주님이 행하신 놀라운 구원의 소식을 널리 전하겠습니다.

지금 나의 머리를 드시오니 עַתָּה יָרוּם רֹאשִׁי(아타 야룸 로쉬, 시 27:6).

8. 주의 얼굴을 구하오니 시 27:7-10

너희는 내 얼굴을 찾으라 하실 때에 내가 마음으로 주께 말하되 여호와여 내가
주의 얼굴을 찾으리이다 하였나이다 (8절).

목사 직의 수행은 화려한 외출과는 거리가 먼,
성도들의 아픔을 싸매 주고
병든 자를 돌보아 주며
약한 자를 일으켜
하늘 아버지께 얼굴을 향하게 하는,
손으로 발로 무릎으로 해야만 하는 일이기에

주님께서는

상처의 못이 깊이 새겨진

그 장소로 데리고 가셔서

상처 입은 치유자가 되게 하시려나 봅니다.

본문에서 시인의 기도를 통해 기도하는 법을 배웁니다.

시인은 자신이 부르짖을 때에 목소리를 들어 달라고 간구하고 있습니다(7절). 어려운 일을 당했을 때 하늘 아버지의 얼굴 향해 아빠라고 부르면서 호소하는 절규를 주님이여 제발 외면하지 말아 달라는 기도를 드리는 것입니다.

시인은 하나님의 자비하심에 호소하고 있습니다(7절). 주님은 신원의 아버지이시오니, 기도에 응답하여 달라고 기도합니다. 세상의 아버지와 어머니는 혹 나를 버릴지라도 주님만은 버려진 나를 다시 주워 모아 달라고(10절) 기도합니다.

시인은 주님의 약속에 의지하여 하나님의 얼굴을 간절히 구하고 있습니다. 또한 자신의 범죄로 인해 약속이 폐기되지는 않았는지 두려워하며 이렇게 하나님께 간구합니다.

"과거에 주께서 저의 큰 도움이 되셨사오니, 나의 구원의 하나님이시여 제발 저를 포기하거나 버리지 말아 주옵소서"(9절).

나 또한 기도하고 싶습니다.

"버려진 막대기 부서진 갈대라도 다시 주워 엮어 하나님의 영광을 위한 막대기로 만드시는 주님의 사랑, 은혜, 격려, 도우심 덕분에 오늘의 제가 있습니다. 하나님 정말 고맙습니다."

여호와여 주의 얼굴을 구하옵나이다

אֶת־פָּנֶיךָ יְהוָה אֲבַקֵּשׁ(엣 파네이카 아도나이 아빠케쉬, 시 27:8).

9. 강하고 담대하라 시 27:11-14

너는 여호와를 기다릴지어다 강하고 담대하며 여호와를 기다릴지어다 (14절).

본문 11절에서 시인은 하나님을 향해 이런 기도를 드리고 있습니다. "여호와여 주님의 길을 가르쳐 주옵소서. 제 주변에 대적들이 많사오니 저로 하여금 주의 길을 걷게 하사 광활한 곳에 이르게 하옵소서." 12절에서는 거짓된 증인과 자신을 향해 일어서며 폭력으로 달려드는 대적의 손에 자신의 영혼을 맡기지 마시라고 기도합니다. 13절에서는 믿음으로 주 앞에 나아가는 시인의 모습을 보여 줍니다.

"만일 제가 주님의 선하심을 생명의 땅에서 보게 되리라는 믿음을 가지지 않았더라면 어떻게 되었을까요?"

다시 말해서 현재는 사망의 음침한 골짜기 가운데 처해 있다 하더라도 나중에 주님의 선하심을 살아서 보게 되리라는 믿음을 보여 줍니다. 마지막 절인 14절에서 시인은 이 시편을 읽는 모든 성도들과 이렇게 합창하기를 원하고 있습니다.

"여호와를 바라라

마음을 강하고 담대하게 할지어다

여호와만을 기대하라."

우리의 자리가 성공의 방석이든 고난의 가시 방석이든 기도는 계속
되어야 함을 본문은 우리에게 가르쳐 줍니다. 왜냐하면 사탄의 공격은
쉬는 법이 없기 때문입니다. 주님께서 다시 오시는 날까지 영적 전쟁
에서 승리하기 위하여 무릎의 행보는 계속되어야 합니다.

네 마음을 강하고 담대하게 하라

וְיַאֲמֵץ לִבֶּךָ חֲזַק(하작 베야아메쯔 리베카, 시 27:14).

주의 기업된 백성을 구하소서
시편 28편

내가 주의 지성소를 향하여 나의 손을 들고 주께 부르짖을 때에 나의 간구하는
소리를 들으소서 (2절).

　며칠 전 어머니 계시는 납골당을 다녀왔습니다. 오랜만에 다시 찾은
어머니의 빛 바랜 명함판 사진과 어머니 담겨진 상자가 저를 반갑게
맞이해 주더군요. 어머니, 아들 참 못됐죠, 이제야 오다니. 어머니 사
진 손에 들고 가슴에 묻고 어머니 냄새 맡아 보았습니다. 사진을 한참
들여다봐도 어머니 얼굴 생각나지 않아 너무 놀랐습니다. 사진 속 얼
굴 찬찬히 뜯어보니 이목구비 정말 뚜렷하시더군요. 할머니가 만주의
절세 미인이셨다더니 울 엄마 할머니 닮으셨나 봅니다.

　오늘 아버지께서 내 구두를 닦아 주시면서 이렇게 말씀하시더군요.
"우리 아들 목사 되어 목회할 때 구두 닦아 주며 삽시다"라고 어머니와

대화하곤 하셨다고. 아이고 무슨 말씀, 이 불효자식의 냄새나는 구두를 어찌 손수 닦아 주시나요. 목사 안수 받을 때, 어머니가 곁에서 가운 걸쳐 주시며 축복해 주시면 좋으련만 안 계시니 아들은 서러웠습니다. 어머니가 거름 되신 덕분에 오늘의 이 아들이 있습니다. 어머니…….

다윗은 시편 28편의 첫 마디를 '주님께, 주님을 향해'라는 뜻의 엘레이카 אֵלֶיךָ로 시작합니다. 다윗의 기도를 살펴보겠습니다.

첫째, 주님을 부르고 있습니다('엘레이카 아도나이 에크라' אֵלֶיךָ יְהוָה אֶקְרָא, 1절). 다윗의 기도는 대상이 분명합니다. 그 대상은 여호와이십니다.

둘째, 소리를 지르며 주님께 호소합니다('베샤브이 엘레이카' בְּשַׁוְּעִי אֵלֶיךָ, 2절). 여기서 사용하는 히브리어 샤브이 שִׁוַּע는 큰 소리를 내며 기도함을 의미합니다.

셋째, 간절히 구하는 기도의 소리를 들어 달라고 요청합니다('슈마 콜 타하누나이' שְׁמַע קוֹל תַּחֲנוּנַי, 2절).

넷째, 성소를 향해 두 손을 들고 있습니다('베나쓰이 야다이' בְּנָשְׂאִי יָדַי, 2절). 두 손을 드는 의미는 항복과 순종, 경의의 표현입니다.

다윗은 주님을 '나의 반석' צוּרִי(쭈리, 1절)이라고 고백합니다. 본문에서 반석은 주님의 견고한 보호를 의미합니다. 가이사랴 빌립보에서 예수님은 "주는 그리스도시요 살아 계신 하나님의 아들이시니이다"라는 시몬의 고백을 들으시고 그에게 말씀하셨습니다. "너는 베드로라. 내가 이 반석 위에 내 교회를 세우리라"(마 16:18). 여기에서 반석은 신앙 고백의 터전을 의미합니다.

6절에서 다윗은 기도의 간구에 응답하신 주님을 송축합니다. "하나님은 복되시도다"בָּרוּךְ יְהוָה(바룩 아도나이).

바룩בָּרוּךְ은 복된 상태를 의미하는 수동 분사형인데 현대 히브리어에서는 '환영받는'의 의미로도 사용됩니다. 따라서 복되신 하나님의 현대적 의미는 "주님을 환영합니다!"의 뜻으로 이해할 수 있습니다.

7절에서 다윗은 하나님께서 힘과 방패가 되어 주셨고 그의 마음이 주님을 신뢰하여 도움을 얻었음을 고백하며 감사하고 있습니다. 8절에서는 하나님께서 친히 기름 부으신 자들의 힘과 피난처와 구원 되심을 노래합니다. 9절에서는 하나님의 백성인 주님의 기업을 구원해 주시고 영원한 목자가 되사 인도해 달라고 간구하면서 기도를 마치고 있습니다.

주의 백성을 구원하시고 주의 기업에 복을 내려 주소서

הוֹשִׁיעָה אֶת־עַמֶּךָ וּבָרֵךְ אֶת־נַחֲלָתֶךָ(호시야 엣 암메카 우 바렉 엣 나할라테카,

시 28:9).

세상 만물들아 주님을 노래하라
시편 29편

너희 권능 있는 자들아 영광과 능력을 여호와께 돌리고 돌릴지어다 여호와께
그의 이름에 합당한 영광을 돌리며 거룩한 옷을 입고 여호와께 예배할지어다
(1–2절).

어릴 적 한강의 범람으로 삼각지까지 물에 잠겨 사람들이 어려움을
겪는 모습을 본 적이 있습니다. 볼 것과 놀 것이 턱없이 부족했던 어린
꼬마들에게 홍수는 오히려 바라보는 즐거움이기조차 했습니다. 그러
나 막상 홍수로 인해 재산을 잃고 가족과 생이별한 사람들에게는 잊을
수 없는 상처였습니다. 메소포타미아 지방에서 흔히 일어났던 홍수를
히브리어로 마불 מַבּוּל 이라고 불렀습니다. '마불'은 모든 것이 진흙으로
인해 뒤죽박죽된 상황을 말합니다. 우리 인생도 마찬가지입니다. 사
탄 때문에 뒤죽박죽된다면 얼마나 비참한 일일까요? 하지만 본문은
희망의 소식을 전하고 있습니다. 주님께서 홍수 위에 좌정하신다면 회

복의 은혜가 주어진다는 사실을. 10여 년 동안 틈날 때마다 앉아 있었던 히브리대학 노천극장, 꿈만 같았던 박사학위, 히브리어를 단지 두 단어 알아들으면서 시작한 공부, 지능 지수도 97밖에 되지 않던 무지한 학생, 가난하고 외로웠던 무명용사……. 전적인 주님의 은혜로 다시 가게 된 성지 길에 시를 적어 보았습니다

하나님의 은혜로 갑자기 가게 된 성지 길
낯설지만은 않은 나의 고향.
아브라함의 여정
야곱의 고뇌
요셉이 청년으로 떠났다가
마른 뼈 한 줌으로 돌아온 땅.
여린 순처럼
꺾일 듯 꺾일 듯
그러나 다시 솟아난 생명의 땅.
아기 예수
고난과 슬픔을 짊어지기 위해 어린 양으로 오신 생명의 주.
나사렛의 소박함
가버나움의 적막함
광야의 바람먼지
작열하는 뜨거운 태양열 밑에서 솟아나는 샘
아름다운 염해

풍랑 이는 갈릴리

신의 씨로 수놓은 이즈르엘.

지중해와 두로를 견제하는 갈멜산

엘리야와 엘리사의 거주지

그분들이 하신 사역에 비해

사시던 곳은 너무나도 초라하다.

성지의 사람들

요한의 말씀을 생각나게 해 주는 곳

자기 땅에 오셨어도 그 땅 사람들은 주인을 알아보지 못하였네.

성지야

눈 열어

주님을 바라보려무나.

다시 무너지지 않기 위해

아직도 더 흘려야 할 눈물이 남아 있는 땅.

하지만

눈물 대신 피로 얼룩져 가는 땅.

하나님

이 땅을 돌아보옵소서.

교만한 유대인, 무딘 아랍인 가운데

여린 잡초처럼 솟아나 자라고 있는

당신의 숨은 백성들을 돌아보소서.

파루시아!

시편 29편을 연구하는 사람들은 본 시가 북쪽 가나안의 도시인 우가 릿에서 형성된 바알 찬양 시에서 나왔다고 주장합니다. 바알 찬양 시와 이 시를 비교하니 일치하는 표현이 열세 개나 되기 때문이랍니다. 다시 말해서 주님 대신 바알을 집어넣고 이 시를 읽어 보면 바알 찬양 시와 비슷한 점이 너무나도 많다는 것입니다. 또한 '신들의 아들들' בְּנֵי אֵלִים(브네이 엘림)이란 표현을 가나안 신화에 주로 등장하는 신의 가 족 관계의 개념으로 이해한 것입니다. 왕이 보좌에 좌정한 개념도 우 가릿 시에서 나타납니다. 이 시를 쓴 유대 신앙가가 아마도 그 앞에 가나안에서 많이 불렸던 바알 찬양집을 펼쳐 놓고 하나님을 노래하기 위해 바알 대신 하나님의 이름을 집어넣어 이 시를 썼다는 주장도 있 습니다.

하지만 이 시는 가나안 땅에 살고 있는 모든 사람들에게 하나님만이 섬김을 받으실 분이라는 사실을 선포하고 있습니다. "너희들이 믿고 섬기는 신들의 아들들(신의 자리에 올라 앉아 숭배를 받는 인간들)마저도 권능과 영광은 마땅히 하나님께만 돌려야 한다. 그의 이름에 합당한 영광을 주님께 돌리며 거룩한 옷을 입고 하나님께 예배할지어다"(1-2절). 다시 말해서 다신론 개념을 가진 가나안 사람들과 그 이웃으로 살고 있는 이스라엘 사람들에게 유일한 신은 여호와יְהוָה(아도나이) 한 분뿐이며, 이 여호와는 거룩한 성소에서 영원토록 다스리는 왕이시며 자기 백성에 게 힘과 평강의 복을 주시는 분임을 강조하고 있습니다.

본문에서 제일 많이 나오는 표현은 '여호와의 목소리'קוֹל יְהוָה(콜 아도 나이)입니다. 찬송가 79장에도 주의 목소리란 표현이 나옵니다.

"이방이 떠들고 나라들 모여서 진동하나 우리 주 목소리 한번 발하시면 천하에 모든 것 망하겠네."

기독교의 하나님은 말씀하시는 하나님이십니다. 이방 신들의 특징은 말할 수 없다는 데 있습니다. 주님이 침묵하시는 것처럼 보여도 이 세상을 향하신 하나님의 소리는 계속해서 들려왔습니다. 하나님은 세미한 음성으로 말씀하시기도 하지만, 천지를 가르는 큰 소리로 말씀하시기도 합니다. 오늘의 본문은 주님께서 소리를 발하시는 모습을 자연 현상과 관련시켜 설명하고 있습니다.

"하나님께서 말씀하시면 바다가 출렁거리고 레바논의 백향목일지라도 뿌리째 흔들리며 화산 활동이 일어나며 광야가 춤을 추며 숲이 깊음을 드러낸다"(3-9절).

요즘 같은 과학 시대에는 자연계의 변화의 원인이 무엇인지 대부분 규명되었기에 굳이 신학적인 의미를 부여하는 것은 불필요한 일처럼 보입니다. 하지만 얼마 전에 일어났던 대 해일이라든지 세계 곳곳에서 발생하는 지진과 재난들은 과학적인 규명만으로는 무엇인가 석연치 않는 점이 많습니다. 왜 하필이면 그곳에, 이러한 강도로 일어났을까요. 아무튼 대답이 어려운 것은 사실입니다. 본문을 대하면서 하나님께 관리를 위탁받은 청지기로서 자연에 대한 우리의 태도를 점검해 보았으면 합니다. 손상을 입은 자연은 쉽게 회복되지 않습니다. 자연을 가꾸고 사랑하면 할수록 자연은 우리에게 신선한 공기와 쾌적함을 선사합니다. 돌들을 골라내어 텃밭 둘레를 만들고 썩힌 나무로 거름을 줍니다. 텃밭에 심은 초롱무, 밤나무 밑에 심은 봉선화, 상수리나무 밑에 심은 코스모스가 생명의 신선함을 뽐내며 얼굴을 내밉니다.

이런 꿈을 꾸어 봅니다. 숲에 둘러싸인 주님의 성소에서 들려오는 하나님의 음성에 감격하는 꿈. 교회 안에 여러 종류의 식물을 심고 신선한 공기가 감도는 쾌적함 속에서 주님의 아름다우심을 마음껏 노래하는 예배의 향연. 순례자의 지친 발목을 졸졸 흐르는 시냇가에 담가 쉬게 하는 쉼터인 교회.

하나님이 허락하신 자연을 아름답게 가꾸면 가꿀수록 들려오는 주님의 음성, 주님의 마음. 파괴할 때는 심술궂어도 아끼고 가꾸어 주면 생긋 웃으며 신선함 선사하는 어린아이 같은 자연 속에서 들려오는 주님의 음성을 자주 대할 수 있기를 바랍니다.

조국에서의 삶
아파트 우선주의에서
함께 누리는 공간과 숨 쉴 여유 있는 공원으로
자동차 매연보다
나무 내음 맡으며 걷는 거리가 되기를…….
그립습니다.
우리에게도 말씀하시옵소서,
생명의 가치를.
파괴보다는 보존의 기쁨을 알도록…….

여호와께서 홍수 위에 좌정하시니

וַיֵּשֶׁב יְהוָה לַמַּבּוּל(아도나이 라마불 야샵, 시 29:10).

집을 세우며 부르는 노래

시편 30편

1. 우리를 고치셨나이다 시 30:1-4

여호와여 내가 주를 높일 것은 주께서 나를 끌어내사 내 원수로 하여금 나로
말미암아 기뻐하지 못하게 하심이니이다 여호와 내 하나님이여 내가 주께 부르
짖으매 나를 고치셨나이다 여호와여 주께서 내 영혼을 스올에서 끌어내어 나를
살리사 무덤으로 내려가지 아니하게 하셨나이다 주의 성도들아 여호와를 찬송
하며 그의 거룩함을 기억하며 감사하라 (1-4절).

히브리인들의 절기 중 수전절이 있습니다. 수전절의 유래는 기원전
2세기 안티오쿠스 에피파네스라는 지도자가 폭정과 악정으로 이스라
엘을 다스릴 때 분연히 일어서 이에 맞선 마카비 부자 이야기에서 비

롯됩니다.

외경 마카비서 제4권 5장에 따르면, 어느 날 독재자 안티오쿠스는 보좌에 앉아 자신 주변에서 호위하고 있는 참모들과 군인들에게 이런 명령을 내렸습니다. "유대인들을 전부 잡아다가 우상에게 제사한 돼지고기를 먹게 하라." 그때 잡혀 온 사람 중에 제사장이었던 엘리아자르가 있었습니다. 엘리아자르는 그 당시 유대 사회에서 덕망 높은 인격과 실력을 갖춘 원로였습니다. 안티오쿠스는 엘리아자르에게 이렇게 명령합니다. "만일 고문 당하기 싫거든 돼지고기를 먹어라. 요즘 세상에 이렇게 맛있는 음식을 거부하는 미련한 생각을 가진 자들이 있단 말인가?" 이에 대해 연로한 엘리아자르는 답변의 기회를 얻어 이렇게 변론합니다. "우리는 하나님께서 주신 법을 따르도록 교육받아 왔습니다. 각하께서 아무리 우리가 하나님의 법을 따르는 것이 어리석다고 생각하셔도 우리는 경건한 삶을 포기할 수 없습니다." 결연한 모습으로 왕의 위협에도 아랑곳하지 않는 노인 엘리아자르는 결국 모진 고문으로 불에 타 숨지면서 이러한 말을 남겨 항거의 불꽃을 던집니다. "나는 하나님의 법을 지키기 위하여 불에 타 죽노라."

아람어로 수전절을 '하누카'라고 부릅니다. 에스라 6장 16절의 '하나님의 집 봉헌식' חֲנֻכַּת בֵּית־אֱלָהָא (하누캇 베이트 엘라하)에서 유추할 수 있듯이 '하누카'의 원래 의미는 '기초를 세운다, 교육한다'입니다. 창세기 5장 24절 "에녹이 하나님과 동행하더니" וַיִּתְהַלֵּךְ חֲנוֹךְ אֶת־הָאֱלֹהִים (바 이트할렉 '하녹' 엣 하엘로힘)에서 이 단어는 성경의 인물 에녹(하녹)과 관련이 있고, 아브람이 헤브론에서 삼백십팔 명을 길렀다는 표현에서도 이 단어가 사용됩니다. "그의 집에서 태어나 교육받은 사람"חֲנִיכָיו יְלִידֵי בֵיתוֹ(하니카브 옐리데이 베이토, 창 14:14).

시편 30편의 제목은 '다윗이 집을 세울 때 부르는 노래'입니다. 시인은 집을 세우면서 하나님의 이름을 부르며 주님을 송축합니다.

"나의 하나님 여호와시여"יְהוָה אֱלֹהַי(아도나이 엘로하이),

"주님을 높여 드립니다"אֲרוֹמִמְךָ יְהוָה(아로밈카 아도나이).

송축의 이유는 두 가지입니다.

첫째, 나를 끌어내셨기 때문입니다.

"나를 끌어내사"דִלִּיתָנִי(딜리타니)에서 사용하는 동사 달라דָּלָה는 물을 우물에서 퍼 올린다는 의미입니다. 이 단어는 모세가 미디안에서 십보라의 양들을 위해 물을 깃는 것을 표현할 때 사용됩니다(출 2:19). 우물 안에 빠진 나를 구원자가 밧줄을 던져 끌어올려 주는 상황이 시인이 설명하는 하나님의 구원의 모습입니다.

둘째, 나를 치료하셨기 때문입니다.

"나를 고치셨나이다"תִרְפָּאֵנִי(티르파에니*).

나는 너를 치료하는 여호와라

אֲנִי יְהוָה רֹפְאֶךָ(아니 아도나이 로프에카, 출 15:26).

• 히브리어로 의사를 로페רֹפֵא라고 부릅니다.

2. 밤과 낮의 추억 시 30:5-6

그의 노염은 잠깐이요 그의 은총은 평생이로다 저녁에는 울음이 깃들일지라도
아침에는 기쁨이 오리로다 (5절).

고대 이집트인들은 태양을 셋으로 나누어 숭배했습니다.

아침에 긴 밤을 이기고 새롭게 태어나는 태양을 일컬어 '케페르'라
불렀습니다. 그들은 신이 가진 특성이나 능력을 나타내는 모형으로 지
구 상의 풀벌레나 가축, 새, 파충류, 들짐승을 대상으로 선택하는 경
향이 많았습니다. 아침에 떠오르는 태양의 상징으로는 말똥구리를 선
택했습니다. 이집트인들이 즐겨 착용하던 인장이나 문장 문형, 조각
되거나 구워 만든 신의 형상을 보면 말똥구리 상의 얼굴을 가진 케페
르 신의 모습이 많습니다. 이집트인들이 말똥구리를 선택한 이유를 알
고 보면 재미있습니다. 말똥구리가 똥을 굴려 먹이로 만드는 과정을
보면 태양이 뜨고 지는 방향이기에 말똥구리를 태양을 움직이는 영물
로 이해한 것입니다. 코페르니쿠스의 지동설이 알려지기 전 천동설을
지지하던 그 당시의 세계관에 걸맞은 해석에 근거한 신화의 단면을 잘
보여 줍니다.

한낮에 뜨겁게 내리쬐어 대지를 사막으로 만드는 무서운 힘을 가진
태양을 '라아'라고 불렀습니다. 태양은 이집트 전 국토의 97퍼센트를
사막으로 만드는 힘을 가졌고, 나일 강의 신 '넌'의 파워와 견줄 만한
무서운 힘을 지녔기에 이집트인들은 태양을 두려워하며 섬겼습니다.
독수리처럼 비상하는 힘이 있다 하여 독수리의 날개를 가진 라아 신의

모습을 벽화에서 찾아보게 됩니다.

그러나 태양에게도 밤이 찾아온다는 점에 이집트인들은 고민했습니다. 밤의 긴 여행을 떠나는 신 '아툼'은 무사히 여행을 마치고 다음 날 다시 찾아와 줄 것인가? 더욱이 서쪽 바다 깊은 곳에 도사리고 있는 아포피스(동양적 의미로 용, 용왕)라고 하는 거대한 뱀의 공격에서 살아남을 수 있을 것인가? 이로 인해 이집트인들은 모방주술homeopathic magic 적인 방법을 착안해 냅니다. 이 방법은 위협을 가져오는 대상의 형상을 만들어 맞서는 것입니다. 뱀의 위협에 뱀으로 맞서는 방식으로 저녁 여행길에 오른 '아툼' 신을 코브라 상으로 보호해 줍니다.

본문에서 시인은 밤에 침상을 적신 일이 많았다고 고백합니다. 성경에서 밤은 환난을 상징하는 은유로 사용되곤 합니다. 5절에서는 주님의 분노와 저녁이 대구를 이루고 있습니다. 나도 예루살렘의 긴 밤을 눈물로 베개를 적시며 보낸 적이 한두 번이 아니었습니다. 그러나 하나님 안에 있는 사람들은 밤만 있는 것이 아니라는 사실을 요즘 깨닫게 되었습니다.

시인은 밤을 보낸 후의 감격을 이렇게 노래하고 있습니다.

"저녁에는 울음이 머물렀으나 아침에는 노래가 머무는구나"(5절).

5절 앞부분에서 '그분의 소원은 생명'חַיִּים בִּרְצוֹנוֹ(하임 비르쪼노)과 '흥겨운 노래'רִנָּה(리나)라는 표현을 동시에 사용하면서 시인은 자신의 삶에 일어난 변화를 설명하고 있습니다.

혹시 밤을 맞고 계십니까? 아침은 반드시 찾아온다는 사실을 기억하시면 좋겠습니다. 왜냐하면 그것이 주님의 소원이기 때문입니다. 잠시 주님의 노하심으로 어려움을 겪었으나 실상 그것은 하나님께서 그토록 원하시던 생명을 얻기 위함이었습니다. 저녁에는 통곡이 자리 잡았어도 아침에는 노래하게 될 것입니다. 아멘.

주님을 섬기는 자들아 여호와를 노래하라

זַמְּרוּ לַיהוָה חֲסִידָיו (자므루 라아도나이 하씨다브, 시 30:4).

3. 하나님 마음 헤아리기 시 30:7-12

여호와여 주의 은혜로 나를 산같이 굳게 세우셨더니 주의 얼굴을 가리시매 내
가 근심하였나이다 (7절).

아침에 침상에서 눈 뜨자마자 갑자기 밀려오는 영상들이 가슴에 가득 채워져서 감격 속에 무릎을 꿇었습니다. 부모가 된 다음에야 부모님 마음을 헤아리게 된다는 말을 수없이 들었습니다. 그러나 이것을 이해하기에는 수없는 시행착오의 불효를 겪는 것 같습니다. 하나님의 마음을 헤아리기까지도 마찬가지의 과정을 밟는다는 느낌이 요즘 듭니다. 본문에서 시인은 하나님이 갑자기 얼굴을 가리시자 당황해하는 모습을 보이고 있습니다.

'왜 그러실까? 그렇게 자상하던 분이셨는데 왜 이번 일에는 침묵하

시고 묵묵부답이실까?'

얼마간의 시간이 흐른 후 시인은 하나님의 본마음을 헤아릴 수 있었습니다. 바로 융프라우와 같은 험산 준령 위에다 나를 세우시기 위함이었다는 사실을 알게 된 순간, 하나님이 얼굴을 가리셨던 시절의 의미를 깨닫게 된 것입니다.

얼마 전 이런 기도문을 접하였습니다.

"주님께선 나를 향하여 이리로 가까이 오라고 손짓하셨습니다. 가까이 다가갈수록 주님은 더 가까이 오라고 요청하셨습니다. 어느새 벼랑 끝에 서 있는 자신을 발견한 순간 주님은 나를 절벽 밑으로 밀어 떨어뜨리셨습니다. 한참 동안 추락하고 추락하다 어느새 내가 날고 있는 것을 발견하게 되었습니다."

목사 임직은 날개를 다는 일입니다. 날개를 단 이상 멀리 비상해야 할 의무가 있습니다. 그동안 날개가 없어 움츠리고 있었습니다. 이제야 허락하신 날개로 창공을 날게 된 즈음 한번 생각해 보았습니다. 주님께서 나에게 기대하시는 일은 무엇일까? 다음의 두 가지가 아닐까 생각합니다.

더 이상 걸을 수 없는 지친 영혼을 안고 주를 향해 비상하는 일. 그리고 내리는 비를 그냥 맞고만 서 있는 가련한 영혼들을 날개로 덮어 주는 일.

이 두 가지 일을 잘 감당해 낼 수 있도록 주님께 기도합니다.

"여호와여,
주님의 소원대로 수려한 산악처럼 저를 견고케 하실 때까지
주님의 뜻이 밝히 보이지 않는다고 해서 당황해하지 않겠습니다."

'퇴비인생, 무릎인생, 광야학교, 타잔신학, 머슴행전.'
과거 17년간 이스라엘과 영국에 살면서 주님께서 내게 가르쳐 주신 인생철학입니다.
하나, 퇴비가 되어라.
거름이 되어야만 땅은 찰져지고 씨앗을 자라게 하여 귀한 열매를 주님께 돌리게 된단다.
둘, 무릎으로 걸어가라.
히브리어의 무릎은 복이라는 단어의 어근과 같으니, 무릎 기도의 실행으로 인생을 승리하여라.
셋, 광야학교에서 불평하지 말아라.
광야에 은혜가 있느니라. 불기둥, 구름기둥, 만나와 메추라기, 갑자기 솟는 샘물, 여호와의 임재, 광야에서 얻는 지혜.
넷, 타잔신학으로 살아라.
하늘에서 내려 주는 밧줄 붙들고 제인과 함께 정글에서 힘차게 외치며 살아가라. 단순한 삶, 청순한 삶, 청빈한 삶, 삶의 양보다는 질, 여유와 낭만과 자연 친화적 삶.
다섯, 머슴행전으로 섬겨라.
내가 너를 택하여 불렀나니 너는 내 것이다. 주의 종임을 항상 명심

하라. 종은 생활비를 걱정하지 않는다. 예산을 세우지 않는다. 이런 것은 주인 몫이다. 종은 단지 순종하고 섬기면 된다.

하나님께서 나의 도움이 되셨나이다

יְהוָה הֱיֵה־עֹזֵר לִי(아도나이 헤예 오제르 리, 시 30:10).

그분 안에서

시편 31편

1. 주께 피하오니 시 31:1-5

여호와여 내가 주께 피하오니 나를 영원히 부끄럽게 하지 마시고 주의 공의로
나를 건지소서 내게 귀를 기울여 속히 건지시고 내게 견고한 바위와 구원하는
산성이 되소서 주는 나의 반석과 산성이시니 그러므로 주의 이름을 생각하셔서
나를 인도하시고 지도하소서 그들이 나를 위하여 비밀히 친 그물에서 빼내소서
주는 나의 산성이시니이다 내가 나의 영을 주의 손에 부탁하나이다 진리의 하
나님 여호와여 나를 속량하셨나이다 (1-5절).

2001년 9월 11일, 뉴욕 쌍둥이 빌딩 파괴로 4천여 명의 사상자를 낸
이슬람의 과격 단체 알케이다는 서방 세력과 기독교에 대한 무차별 테
러를 자행하고 있습니다. 2005년 런던 지하철 테러 또한 규모와 시기

면에서 런던 시민을 공포에 몰아넣기에 충분했습니다. 지하철 세 군데에 장치된 폭탄으로 30여 명에 가까운 희생자를 내고 전 지하철 노선을 마비시켜 수백만의 발을 묶었습니다. 어둠의 세력들이 자신의 정체를 드러내지 않고 무고한 시민들을 죽이는 이때에, 빛의 자녀들이 결연히 일어서야 할 것 같습니다.

시편 31편의 제목은 '다윗의 시, 영장으로 한 노래'라고 되어 있습니다. 여기서 영장이라고 번역한 히브리어 메나쩨아흐מְנַצֵּחַ는 보통 지휘자로 번역되지만 분사 형태로 쓰일 때는 '늘 승리한다'는 뜻을 가집니다. 본문에서 시인은 주께 피한다는 표현을 자주 언급하고 있습니다.

"주님 당신 안에 피난처를 두었나이다"בְּךָ יְהוָה חָסִיתִי(베카 아도나이 하씨티, 1절).

"저는 여호와를 신뢰하나이다"אֲנִי אֶל־יְהוָה בָּטָחְתִּי(아니 엘 아도나이 바타흐티, 6절).

"당신의 인자하심을 즐거워하나이다"אָגִילָה וְאֶשְׂמְחָה בְּחַסְדֶּךָ(아길라 베 에쓰메하 베하쓰데카, 7절).

"주님의 손 안에 제 시대가 있나이다"בְּיָדְךָ עִתֹּתָי(베야드카 이톳타이, 15절).

"주님의 인자하심으로 저를 구원하소서"הוֹשִׁיעֵנִי בְחַסְדֶּךָ(호쉬에니 베하쓰데카, 16절).

"주님께 피하는 자를 위해 일하시는 하나님"פָּעַלְתָּ לַחֹסִים בָּךְ(파알타 라호씸 박, 19절).

시인은 주님의 인도하심을 기대하고 있습니다.

"나를 인도하사 이끌어 주소서"תַּנְחֵנִי וּתְנַהֲלֵנִי(탄헤니 우테나할레니, 3절).

여기서 사용하는 히브리어 '나하'는 방향을 정하여 길을 인도한다는 뜻이고 '나할'은 계곡 사이를 흐르는 물줄기의 뜻을 가지며 기업을 얻는다는 의미로 확장될 수 있습니다.

우리 인생의 날개짓을 어디서 접을 수 있을까요? 창공을 날다가 지친 날개를 접는 영혼의 쉼터. 우리에게 피난처가 있음을 감사합시다. 피난처는 바로 의로우신 하나님의 품입니다.

속히 나를 구원하소서 מְהֵרָה הַצִּילֵנִי(메헤라 하찔레니, 시 31:2).

2. 절망할 때 부르는 노래 시 31:6-24

……주께서 나의 고난을 보시고 환난 중에 있는 내 영혼을 아셨으며 (7절).

나는 계획표가 없습니다. 하나님께서 우리를 향하신 계획은 수를 셀 수 없다는 사실(시 40:5)을 알게 된 뒤로 주님을 신뢰하며 기다립니다. 충신교회 교우 분이 운영하시는 병원으로 불러 주셔서 복부 초음파, 동맥경화 측정, 위 내시경, 소변 검사, 골다공증 검사, 피 검사도 해 주시고 오십견으로 고생해 잘 쓸 수 없게 된 오른팔도 고쳐 주셨습니다. 하나님께서 얼마나 신묘막측하게 우리 몸을 지으셨는지요? 주님 덕택에 누리는 이 은혜에 감격해하며 한편으로 너무 나만 선대하심을 받는 것 같아 죄송스럽기까지 합니다. 건강을 주셨으니 열심히 주의 영광을 위해 살아야겠지요?

절친한 친구와 함께 북한산을 올랐습니다. 서울 북쪽에 자리 잡고 산소와 싱그러운 여유를 공급하며 우리를 반갑게 맞아 주는 북한산. 비가 많이 내리는 날씨여서 하늘 하나님이 내려 주시는 은혜의 단비를 바람과 함께 맞으며 산을 오르기 시작했습니다. 중간에 마주치는 산 사나이들과 목례로 인사를 주고받습니다. 칼바위 능선은 비 오는 날 등정하기에는 좀 위험했지만 마침내 등정에 성공하였습니다. 조그만 실수도 용납지 않는 칼바위 능선. 머리를 숙이고 기어오르면서 느낀 교훈이 있었습니다. 그것은 아무리 어려운 악산이라도 겸손히 머리 숙이며 한 발자국씩 걸음을 옮기면 오를 수 있다는 것입니다.

본문에서 시인이 처한 상황이 눈에 확 들어옵니다.

첫째, 근거도 없는 구설수에 휩싸여 있습니다. 6절과 20절에서 시인이 거짓된 헛말을 퍼뜨리는 사람들 틈에 있었음을 알 수 있습니다.

둘째, 수치와 능욕을 당했을 뿐 아니라 친지에게까지 철저한 따돌림을 당한 상황에 놓여 있습니다(11절).

셋째, 눈과 내장과 영혼까지 번민에 차 있는 상황입니다(9절).

넷째, 탄식의 이부자리를 덮고 힘이 쇠잔하고 뼈가 녹는, 그야말로 처절한 절망에 빠져 있습니다(10절).

다섯째, 대적이 너무 많습니다. 15절에 보면 대적이 그저 팔짱을 낀 채 시인을 향해 비아냥거리는 정도가 아니라 시인을 잡으려고 막 달

려오는 상황의 긴박함을 말해 줍니다. 히브리어로 '대적'을 뜻하는 오
엡איב과 '쫓아오는 자'를 뜻하는 로뎁רֹדֵף이 병행을 이룹니다.

만일 이러한 상황에 처해 있다면 끝까지 주님을 신뢰하면서 "주는
나의 하나님이십니다. 당신의 얼굴을 종에게 비추사 크신 자비로 구하
소서"라는 기도를 드릴 수 있을까 생각해 보았습니다. 쉽지는 않을 것
같습니다. 기도보다는 푸념이 앞설 것 같습니다. 주의 자비 속에 들어
가려 하기보다는 고통에 침몰해 자아를 잃어버릴지도 모릅니다.

하지만 시인은 황급히 도망쳐야만 하는 상황이며 마치 주님 면전에
서 쫓겨나는 신세처럼 취급당하는데도 이렇게 고백합니다.

"내가 주께 부르짖을 때에 주께서 나의 탄원의 소리를 들으셨나이
다"שָׁמַעְתָּ קוֹל תַּחֲנוּנַי בְּשַׁוְּעִי אֵלֶיךָ(샤마아타 콜 타하누나이 베샤브이 엘레이카, 22절).

"너희 경건한 자들아 여호와를 사랑하라"אֶהֱבוּ אֶת־יְהוָה כָּל־חֲסִידָיו(에헤부
엣 아도나이 콜 하씨다브, 23절).

"여호와는 믿음의 사람들을 지켜 주신다"אֱמוּנִים נֹצֵר יְהוָה(에무님 노쩨르 아
도나이, 23절).

"강하고 담대하라"חִזְקוּ וְיַאֲמֵץ(히즈쿠 베 야아메쯔, 24절).

"여호와를 바라는 너희들아"לְבַבְכֶם כָּל־הַמְיַחֲלִים לַיהוָה(레바브켐 콜 하메야할
림 라아도나이, 24절).

나의 영을 주의 손에 부탁하나이다

בְּיָדְךָ אַפְקִיד רוּחִי(베야드카 아프키드 루히, 시 31:5).

 시편으로 고백하는 하나님 사랑

3. 지경을 넓히시는 하나님 _{시 31:8}

나를 원수의 수중에 가두지 아니하셨고 내 발을 넓은 곳에 세우셨음이니이다
(8절).

시편 31편 7-8절에서 시인은 하나님의 인자하심을 기뻐하며 노래
하고 있습니다.

"주께서 나의 가난함을 보셨고 내 영혼의 곤란함을 아셨기에 나는
주의 자비를 노래하고 춤추며 기뻐하나이다. 주께서 대적의 손에 나를
맡기지 않으시고 나의 발을 광활한 곳에 두셨나이다."

호주 시드니로 하나님의 말씀을 전하기 위해 간 적이 있습니다. 동
경에서 비행기로 열 시간의 긴 거리. 태평양을 넘어 지구 육지면의 5
퍼센트를 차지하고 있는 오스트레일리아를 향하면서 주님이 왜 나를
그곳으로 부르시는지 계속 여쭈어 보았습니다. 나를 따뜻하게 맞아 주
신 분은 13년 전 가정에서 기도로 교회를 개척하신 진반섭 장로님이셨
습니다. 목회자 없이 두 가정으로 시작했는데 현재는 장년만 천오백
명으로 성장한 교회가 되었고 주님의 영광을 위해 힘차게 일하고 있었
습니다. 타지에서 뿌리앓이를 통해 거목으로 자라 가는 새순장로교회,
이름 그대로 복음의 새순이 돋아나고 있었습니다. 현재 학교 강당을
빌려 예배를 드리면서 2천여 석의 교회를 지으려다가 주님의 음성 듣
고 모든 계획을 내려놓고 주님의 뜻에 따르기로 다짐한 이규현 목사님
과 이에 믿음으로 순종해 주시는 교우들로 이루어진 아름다운 교회.

하나님이 받으실 영광을 기대해 봅니다.

광활한 대륙 오스트레일리아에 서서 온 지구촌을 생각해 보았습니다. 이곳에서 훈련받은 하나님의 사람들이 인도네시아를 거쳐 서남아시아와 중앙아시아로 올라가는 꿈. 영국에서 시작된 부흥의 물결이 지중해 바다 주변 국가들을 복음화하며 이스라엘로 향하는 꿈. 이 꿈은 요엘서에서 말하는 마지막 때에 부어 주실 성령의 임재를 통해서만 가능한 현실입니다.

주님께서 나의 발을 넓은 곳에 세우셨나이다

הֶעֱמַדְתָּ בַמֶּרְחָב רַגְלָי(헤에마드타 바메르합 라글라이, 시 31:8).

4. 잊혀진 병기 같을지라도 시 31:12

내가 잊어버린 바 됨이 죽은 자를 마음에 두지 아니함 같고 깨진 그릇과 같으니이다 (12절).

북한산의 최고봉인 백운대를 올랐습니다. 해발 고도 836.5미터로 예루살렘보다 조금 높은 정상의 태극기 휘날리는 곳까지 오르는데 2.4킬로미터의 등산로를 통과해야 했습니다. 등산로가 주로 바위로 되어 있어 위험해서인지 등산객을 위해 곳곳에 깊게 박아 놓은 철 막대와 그 사이를 굳건히 잇고 있는 철 로프를 두 손으로 잡으며 정상까지 한 걸음씩 나아갔습니다. 거센 폭풍바람이 불어왔지만 그럴수록 더욱 겸손히 고개를 숙이고 발걸음을 조심스럽게 내디뎌 정상에 설 수 있었습니다.

백운대 정상 바위에는 기미독립선언문에 서명한 33인 중 한 분이었던 정지용 선생이 쓴 조국 광복에 대한 글귀가 새겨져 있었습니다. 그때는 지금보다 오르기에 더 힘난했을 텐데……. 훗날 오를 후배들을 위해 외로운 험로 산행을 했을 정 선생님 마음을 생각해 봤습니다. 또한 험한 바위를 오르기 쉽도록 사이사이 난간을 만들고 밧줄을 이어 놓은 분들이 고마웠습니다.

본문에서 '깨진 그릇'이라고 번역된 히브리어는 '클리 오베드' כְּלִי אֹבֵד 인데 '클리'는 '도구, 그릇'이란 뜻이고 '오베드'는 '상실된, 없어진, 사라진'의 뜻을 가진 현재분사형의 단어입니다.

저 역시 사라졌던, 잊혀진 사람이었습니다. 요즘은 이곳저곳 동에 번쩍 서에 번쩍 돌아다니며 주님의 사랑과 은혜를 전하는 사람으로 살게 되었지만 얼마 전만 하더라도 광야에 있던 사람입니다. 유럽의 한인 유학생을 복음으로 섬기는 모임인 코스테를 시작한 김승연 목사님의 말씀이 기억납니다. "왕따란 왕이신 하나님께서 나중에 쓰시기 위해 따로 떼어 놓으신 사람입니다." 한때는 왕따여서 마음 많이 상했었는데 요즘은 부르는 곳이 많아 위기감마저 듭니다. 시편 31편을 쓴 사람도 나처럼 사라진 병기나 쓸모없어진 그릇처럼 내동댕이쳐져 있을 때 이 시를 썼다는 느낌이 들었습니다. 동병상련이란 말이 있듯이 나

역시 그런 적이 있었기 때문인지 시편 31편을 넘기기가 너무나도 아쉬
웠답니다.

하나님께서 사용하고 계신가요?
겸손히 순종하시기를 바랍니다.
혹시 잠시 거두신 그릇이신가요?
조용히 그릇을 비우고 기다리다 보면
주님께서 다시 쓰실 날이 있을 것입니다.

주의 얼굴을 주의 종에게 비추사 주의 자비로 구원하소서
הָאִירָה פָנֶיךָ עַל־עַבְדֶּךָ הוֹשִׁיעֵנִי בְחַסְדֶּךָ(하이라 파네카 알 아브데카 호쉬에니
베하쓰데카, 시 31:16).

5. 미래가 주의 손에 시 31:15

나의 앞날이 주의 손에 있사오니……(15절).

본문에서 시인은 우리의 미래가 주의 손에 있다고 고백합니다. 손을
뜻하는 히브리어는 야드יָד입니다. 하나님께 무슨 손이 있으시겠습니
까? 하지만 하나님을 신체를 가지신 분처럼 표현하는 이유가 있습니
다. 그것은 야드의 다른 의미인 '기념한다'에서 찾을 수 있습니다. 이

사야 56장 5절에서는 '야드 바쉠'יְד וָשֵׁם을 '기념물과 이름'이라고 합니다. 참고로 나치에게 학살당한 사람들을 위한 추모관이 예루살렘에 있는데 이를 '야드 바쉠'이라고 부릅니다. 우리는 아무리 일을 열심히 한다 해도 기념비적인 일을 하기가 매우 어렵습니다. 아주 특별한 경우에만 우리 손으로 행한 일이 기념이 됩니다. 하지만 하나님의 경우는 그분께서 하시는 모든 일이 기념이 될 만한 일입니다.

또한 하나님은 당신을 경외하는 자들을 위해 주님의 창고에 많은 보물을 쌓아 두신다고 시인은 말합니다(19절).

"주님을 경외하는 사람들을 위해 숨겨 놓으신 주의 좋은 것들이 얼마나 풍성한지요? מָה רַב־טוּבְךָ אֲשֶׁר־צָפַנְתָּ לִּירֵאֶיךָ(마 랍 투브카 아쉐르 짜판타 리레에카, 19절).

우리 모두 주님을 경외합시다. 주님이 준비하신 보따리가 하나씩 풀리는 기대감 속에서.

주님의 손에 나의 시대가 있습니다 בְּיָדְךָ עִתֹּתָי(베야드카 이토타이, 시 31:15).

죄의 고백으로 형통하라

내가 이르기를 내 허물을 여호와께 자복하리라 하고 주께 내 죄를 아뢰고 내
죄악을 숨기지 아니하였더니 곧 주께서 내 죄악을 사하셨나이다 (5절).

시편 32편의 제목은 '다윗의 마쓰킬משכיל'로 그 뜻은 '형통케 하실
때 부르는 노래'입니다. 인생의 '마쓰킬'은 누구나가 다 원하는 바입니
다. 인생의 형통함을 원하지 않는 사람이 어디 있겠습니까? 그 형통함
은 죄를 고백하는 데 있습니다. 시편 32편은 시편 1편과 동일한 표현
인 '복 있는'אשרי(아슈레이)으로 시작합니다. 시편 1편에서는 복 있는 사
람을, 악인의 꾀를 좇지 아니하고 죄인의 길에 서지 않으며 오만한 자
의 자리에 앉지 않는 사람이라고 말하는 데 반해 시편 32편은 허물의
사함을 받고 죄가 가려진 사람이라고 말합니다. 죄를 지었어도 그 죄
를 없이함 받은 인생이 복되며 하나님께 크게 죄를 범했어도 주님이

그것을 전혀 기억하지 않는 사람이 행복하다는 말씀이 제 마음을 두드렸습니다.

본문에서 시인은 죄를 토로하지 않았을 때와 고백했을 때의 분명한 차이를 말하고 있습니다. 우선 죄를 고백하지 않고 침묵하는 것을 그의 '영 안에 거짓이 있는 것' בְּרוּחוֹ רְמִיָּה(베루호 레미야, 2절)으로 설명합니다. 또한 죄를 짓고 시치미를 딱 떼고 있을 때 우리에게 오는 결과에 대해서는 3절이 잘 말해 주는데 그것은 '뼈가 쇠약해진다' בָּלוּ עֲצָמָי(발루 아짜마이)는 것입니다. 또한 죄인이면서도 계속 인정하기를 거절하는 모습을 자연 현상에 비유하여 적나라하게 묘사하는데 그 모습은 '여름 가뭄' בְּחַרְבֹנֵי קַיִץ(베하르보네이 카이츠) 같다고 말합니다

죄의식이 시인을 괴롭히는 모습은 전능자의 손이 온종일 그를 누른다고 표현합니다. 그럴 바에는 좀 쑥스럽더라도 손을 들고 죄인임을 깨끗이 인정하는 편이 나을 것입니다. 주님 앞에서야 계면쩍을 일도 없습니다. 우리가 죄인임을 인정하는 것은 창조주를 높여 드리는 행위임을 본문을 통해 알 수 있습니다.

죄를 고백한 후에 오는 축복이 있습니다.

첫째, 기도할 수 있는 담대함을 가지게 됩니다(6절).

"사랑하는 자들아 만일 우리 마음이 우리를 책망할 것이 없으면 하나님 앞에서 담대함을 얻고 무엇이든지 구하는 바를 그에게서 받나니 이는 우리가 그의 계명을 지키고 그 앞에서 기뻐하시는 것을 행함이라"(요일 3:21-22).

둘째, 주님이 피난처가 되십니다(7절).

셋째, 구원의 노래가 나를 두르게 됩니다(7절).

넷째, 죄를 고백한 자의 걷는 길에 많은 난제가 있지만 주님이 지혜를 주시고 갈 길을 알려 주십니다(8절).

다섯째, 주님이 주목하시고 조언을 주십니다(8절).

여섯째, 죄의 고백은 주님을 신뢰하는 것이므로 주님이 인자하게 대하십니다(10절).

하나님 앞에 나아가 죄를 고백하여 그분의 용서와 인자하심을 경험합시다.

내 죄를 아뢰고 내 죄악을 숨기지 아니하였습니다

חַטָּאתִי אוֹדִיעֲךָ וַעֲוֹנִי לֹא־כִסִּיתִי(하타아티 오디아카 바아보니 로 키씨티, 시 32:5).

열방을 주께로

시편 33편

1. 온 땅에 충만한 주의 은혜 시 33:1-11

온 땅은 여호와를 두려워하며 세상의 모든 거민들은 그를 경외할지어다 그가
말씀하시매 이루어졌으며 명령하시매 견고히 섰도다 여호와께서 나라들의 계
획을 폐하시며 민족들의 사상을 무효하게 하시도다 여호와의 계획은 영원히 서
고 그의 생각은 대대에 이르리로다 (8-11절).

시편 33편은 밝은 얼굴로 주님을 찬양하고 있습니다. 지금까지 보
아 온 몇몇 시편들의 애절한 탄식의 노래와는 달리 온 땅 가득한 여호
와의 자비하심을 찬양하면서 시를 시작합니다.

"의인들아 주님을 찬양하라.

반듯한 자들이 찬송을 드리는 것은 멋진 일이니라.

비파와 열 줄 수금으로 여호와께 감사하며 그분을 노래하세.

새 노래로 주를 찬양하고 퉁소로 크게 부름이 선하도다.

여호와의 말씀은 바르고 그분이 행하시는 일은 진실하도다.

의와 공평을 사랑하시니 땅에 여호와의 인자하심이 가득하도다.

주께서 말씀하시매 하늘이 지어졌고

그의 입의 기운으로 하늘의 모든 군상들이 생겨나도다.

주께서 말씀하시니 물들이 벽처럼 모여 서고

깊음의 곳간에서는 하늘 양식을 내리도다.

온 땅이여 여호와를 경외하라.

온 땅의 거민들아 주님을 두려워하라.

하나님께서 말씀하시니 만물이 존재하고

주께서 명령하시니 만물이 주 앞에 서도다"(1-9절).

영국에서 열방교회 개척 첫 예배를 드릴 때의 일입니다. 오랜만에 맑은 하늘이 싱긋 웃으며 개척 예배 장소로 나아가는 우리의 걸음걸이를 가볍게 해 주었습니다. 갈릴리 나사렛에서 산 오병이어 그림이 담긴 접시와 컵을 들고 충신교회 장로님들께서 장만해 주신 성의를 준비하고 예배 장소로 달려갔습니다.

'과연 몇 명이나 올까?'

예배 장소에 모인 사람은 모두 아홉 명. 그래도 우리 식구만 있을 줄 알았는데 함께해 주신 분들이 참 고마웠습니다. 무릎 꿇고 기도하는데 이런 말이 저절로 입에서 흘러나왔습니다.

"목사보다 더 나은 교인들과 교회를 시작하게 해 주셔서 감사를 드립니다."

아침마다 우리 가정에 주신 큰 축복이 있습니다. 새벽기도를 마치고 학교에 가는 딸 하나를 나와 아내가 데려다주는데 학교 바로 옆에 큰 숲이 있습니다. 숲을 산책하는데 저 멀리 색이 바래 가는 단풍나무를 발견한 아내가 이렇게 말하더군요.

"너한테는 참 미안하지만 바라보는 우리는 너무 즐겁다."

이 말에 큰 은혜를 받았습니다.

"그래, 교회를 위해 나는 색이 바래 단풍이 들지만 그 모습 바라보는 주님은 즐거우시겠지."

잠시 후 숲속의 정원을 방문했을 때 아내가 이런 소리를 하지 않겠어요?

"참 고마워요. 누군가 힘들게 정원을 가꾸어 놓으셔서 아무 힘 안 들인 우리가 이렇게 즐겁게 정원을 감상하니……."

영국에 얼마나 살지 모르지만 열방교회를 위한 거름이 되겠다고 다짐했습니다. 훗날 열방교회를 담임하는 후배 목사가 아름다운 교회를 섬기게 하려는 마음으로.

하나님은 열방을 향한 생각을 가지고 계십니다. 하나님은 열방의 계획을 무효화하시며 사람들의 생각을 폐하시나 하나님의 도모와 생각은 영원히 서 있다고 시인은 고백합니다. 국가마다 전략 회의가 있고 종교 단체마다 세계를 품는 전략을 가지고 있습니다. 하지만 그것이 아무리 거창하다고 해도 주님께 말미암은 것이 아니라면 주님이 그 계획들을 무산시키실 것이라고 말씀합니다. 반면에 하나님께서 열방을 향해 품으신 생각은 반드시 이루어집니다.

영국에서 목회할 때 살던 지역인 엡슴Epsom에는 가톨릭교회, 성공회교회, 감리교회, 침례교회가 있는데 수천 명의 주민들은 교회를 거의 외면하고 있는 현실입니다. 새벽마다 교회를 향해 걸어가면서 마치 니느웨 성에 요나를 보내시는 하나님 심정이 느껴지는 것 같았습니다. 이 성읍에 주님께서 아끼시는 사람이 그토록 많건만 이들을 주께로 돌아오게 할 일꾼은 턱없이 부족한 것이 현실입니다. 더 이상 기독교인은 영국 사회의 다수를 차지하고 있지 않습니다. 로버트 J. 토마스, 윌리엄 케리, 존 웨슬리 같은 영국의 젊은이들이 주님을 위해 다시 일어난다면 주변 유럽과 아프리카와 중동에 복음이 전파될 수 있습니다. 영국을 위해 기도해 주십시오.

여호와의 도모는 영원하며 그분의 생각은 무궁하시도다

עֲצַת יְהוָה לְעוֹלָם תַּעֲמֹד מַחְשְׁבוֹת לִבּוֹ לְדֹר וָדֹר(아짯 아도나이 레올람 타아모드 마흐쉐봇 리보 레도르 바도르, 시 33:11).

2. 여호와는 나의 기업, 나의 하나님 시 33:12

여호와를 자기 하나님으로 삼은 나라 곧 하나님의 기업으로 선택된 백성은 복
이 있도다 (12절).

영국에서 개척 교회 목사로 첫 주를 보낼 때 마치 작은 돛단배가 출
렁거리는 바닷가에서 항해를 시작하는 느낌이었습니다. 그동안 수없
이 많은 난관을 헤쳐 나왔음에도 새로운 일을 시작할 때마다 두려움이
있습니다. 과연 이 일이 순조롭게 이루어질까? 맨땅에 헤딩하듯 조용
히 시작하는 개척이 열매를 거둘까? 아무것도 없이 맨주먹으로 시작
하는 이 일이 어떤 결과를 맺을까? 솔직히 말해서 아무것도 확신할 수
없었습니다. 하지만 지금까지 내 삶에 개입해 오셨고 넘어질 때마다
강한 손으로 붙들어 주신 하나님이 계시기에 용기를 가지고 전진해 나
갔습니다. 풍랑 이는 바다 위에 홀로 떠 있는 작은 배와 같지만 다행히
무릎을 꿇을 수 있는 관절이 있기에 주님 앞에 엎드렸습니다. 말씀으
로 산다고 하셨으니 말씀 붙들고 한번 살아 볼 결심을 했습니다.

"네가 이 세대에서 부한 자들을 명하여 마음을 높이지 말고 정함이
없는 재물에 소망을 두지 말고 오직 우리에게 모든 것을 후히 주사 누
리게 하시는 하나님께 두며 선을 행하고 선한 사업을 많이 하고 나누
어 주기를 좋아하며 너그러운 자가 되게 하라 이것이 장래에 자기를
위하여 좋은 터를 쌓아 참된 생명을 취하는 것이니라"(딤전 6:17-19).

힘들고 어려울 때마다 하나님 말씀을 가슴에 품고 간절히 주님을 사
모해 봅니다. 두려움이 몰려올 때마다 엎드려 하나님을 불러 봅니다.

여호와를 자기 하나님으로 삼은 민족은 복이 있도다

אַשְׁרֵי הַגּוֹי אֲשֶׁר־יְהוָה אֱלֹהָיו(아슈레이 하고이 아쉐르 아도나이 엘로하브, 시 33:12).

3. 하나님이 계시기에 시 33:13-17

여호와께서 하늘에서 굽어 보사 모든 인생을 살피심이여 곧 그가 거하시는 곳
에서 세상의 모든 거민들을 굽어 살피시는도다 그는 그들 모두의 마음을 지으
시며 그들이 하는 일을 굽어 살피시는 이로다 (13-15절).

유대인들이 쓰는 컵 모양의 모자를 키파כִּפָּה라고 부릅니다. 머리에 쓰는 이유 중 하나는 하늘에 계신 하나님을 두려워한다는 의미입니다. 시편 기자는 하늘에 계신 하나님께서 온 인생을 바라보신다고 말합니다. 13절에서는 바라본다는 표현의 히브리어 라아רָאָה를 쓰며, 14절에서는 섭리한다는 뜻의 히브리어 히슈기아흐הִשְׁגִּיחַ를 사용하고 있습니다. 정리해 보면 하늘의 하나님께서 거룩한 보좌에 좌정하셔서 인생을 관찰하실 뿐 아니라 섭리하신다는 것입니다.

하늘 아버지를 의지하면서 나아가는 우리에게 오늘의 말씀은 정말 큰 위로가 됩니다. 우리의 일거수일투족을 바라보시는 하나님이 계시기에 우리는 앞으로 나아갈 수 있습니다. 풍랑이 일어 물 먹고 허우적거릴지라도 계속해서 나아갈 수 있는 것은 하늘에서 우리를 생각하시며 우리의 인생을 간섭하시는 우리의 하나님 덕분입니다.

본문 16-17절에서 시인은 이렇게 말합니다.

"어떤 나라에 왕이 있는데 나라의 구원은 군사력에서 나오는 것이 아니다. 어떤 도시에 용사가 있다 해도 그 용사의 힘만으로는 도시를 구원할 수 없다."

이사야 선지자도 동일하게 말합니다.

"도움을 구하러 애굽으로 내려가는 자들은 화 있을진저 그들은 말을 의지하며 병거의 많음과 마병의 심히 강함을 의지하고 이스라엘의 거룩하신 이를 앙모하지 아니하며 여호와를 구하지 아니하나니"(사 31:1).

그렇습니다. 우리의 힘과 방패는 하늘에 계신 우리 하나님이십니다. 따라서 우리는 배짱이 두둑합니다. 하나님이 우리 인생의 주인이시고 우리는 그분을 예배하고 섬기는 자녀이기에 우리의 무능은 주님의 유능이 되며 우리의 넘어짐은 주님의 일어섬이 됩니다. 영어에 이런 말이 있습니다.

"나는 '불가능하다'Impossible라고 말하지만 하나님은 '내겐 가능하다'I'm possible라고 하시네. 나는 '희망은 어디에도 없다'Hope is nowhere라며 한탄할 때 하나님은 '희망은 바로 여기에 있단다'Hope is now here라고 말씀하시네."

허점투성이의 불초 소생을 거두시어 당신의 영광의 도구로 삼아 주시는 그분의 자비로우심에 넙죽 엎드려 고개를 숙입니다.

많은 군대로 구원 얻은 왕이 없으며

אֵין־הַמֶּלֶךְ נוֹשָׁע בְּרָב־חָיִל(에인 하멜렉 노샤 베랍 하일, 시 33:16).

4. 주의 인자하심이 시 33:18-22

여호와는 그를 경외하는 자 곧 그의 인자하심을 바라는 자를 살피사 그들의 영
혼을 사망에서 건지시며 그들이 굶주릴 때에 그들을 살리시는도다 우리 영혼이
여호와를 바람이여 그는 우리의 도움과 방패시로다 우리 마음이 그를 즐거워함
이여 우리가 그의 성호를 의지하였기 때문이로다 여호와여 우리가 주께 바라는
대로 주의 인자하심을 우리에게 베푸소서 (18-22절).

열방교회를 섬길 때 "매주 한 명이라도 교회에 오게 해 주세요"라고
기도했더니 정말로 새 교인이 한 명 더 늘었습니다. 주님 앞에 나아오
는 한 영혼을 바라보는 순간 너무 기뻤습니다. 하늘 아버지께서 그분
의 넓은 품으로 한 영혼이 돌아오는 것을 그렇게 기뻐하신다는 말씀을
대할 때 이전에는 별 감동을 느끼지 못했는데 직접 경험해 보니 하나
님 마음을 알 것 같습니다. 아브라함이 25년의 기다림 끝에 이삭을 얻
었듯이 일평생 단 한 영혼을 구한다고 해도 전혀 후회함 없는 것이 목
회인 것 같습니다. 지인하고 대화하다가 "열방교회의 부흥이 더디어
이러다가 골방교회가 되면 어쩌죠?"라는 말을 들었습니다. 주님은 이
렇게 말씀하시더군요.

"조 목사, 난 네가 설교자가 되는 것을 바라지 않는다. 늘 내 앞에
예배자로 서거라. 한 명이면 어떻고 천 명이면 어떠한가? 목사도 교인
이 되면 되느니라."

나는 한 개의 도토리가 되어 땅에 묻혀 썩고 싶어요.
다람쥐에게 잡혀 먹히는 것보다

사람들 손에 쥐어져 묵으로 갈리는 것보다

그냥 땅속에 푹 파묻혀 썩고 썩어

나무로 다시 태어날래요.

먼 훗날 나는 거목으로 다시 태어나고

가지에는 수만 개의 도토리를 맺을 수 있겠지요.

과정이 길어도

한 순간 매 순간

최선을 다하렵니다.

목회의 고비가 찾아와도

여전히 살아 계시는 하나님 앞에서

잘 견디어 보렵니다.

보라 여호와의 눈이 그분을 경외하는 자에게 있도다

הִנֵּה עֵין יְהוָה אֶל־יְרֵאָיו(히네 에인 아도나이 엘 예레아브, 시 33:18).

곤고한 자의 기도

시편 34편

이 곤고한 자가 부르짖으매 여호와께서 들으시고 그의 모든 환난에서 구원하셨
도다 여호와의 천사가 주를 경외하는 자를 둘러 진 치고 그들을 건지시는도다
너희는 여호와의 선하심을 맛보아 알지어다 그에게 피하는 자는 복이 있도다
너희 성도들아 여호와를 경외하라 그를 경외하는 자에게는 부족함이 없도다 젊
은 사자는 궁핍하여 주릴지라도 여호와를 찾는 자는 모든 좋은 것에 부족함이
없으리로다 (6–10절).

시편 34편은 히브리어 알파벳 22자의 순서대로 배열된 노랫말입니
다. 하지만 히브리어 여섯 번째 자음인 '바브'ו의 뜻이 '그리고'이기에
이에 적당한 단어를 찾지 못해 그냥 넘어간 다음 마지막을 17번째 자
음인 '페'פ를 한 번 더 사용하여 시를 끝내고 있습니다. 제목 또한 시
배열의 가지런함처럼 우리 눈에 뚜렷이 들어옵니다.

"다윗이 아비멜렉 앞에서 그의 주장을 바꾸고 아비멜렉은 다윗을 쫓
아낸 뒤에."

개역한글 성경에는 그의 '주장을 바꾸었다'는 의미를 '미친 체하였
다'라고 번역했습니다. '주장'이라고 번역한 히브리어 타암טַעַם은 '입

맛'이라는 뜻도 있고 '명령'(욘 3:7)이라는 뜻도 있습니다.

제목과 관련된 사건은 사무엘 상 21장 11-16절에 나옵니다. 다윗은 사울 왕의 살인 음모로 목숨이 위태로워 도망할 때 골리앗의 고향인 갓으로 피난 가게 됩니다. 시편에서는 아비멜렉이라고 나오는 갓의 왕 아키쉬가 다윗을 붙잡으려고 하자 다윗은 목숨을 부지하기 위해 그의 모습을 바꾸어 바보 노릇을 함으로써 생명을 이어 갑니다. 하나님 보시기에 중심이 아름다워 왕으로 기름 부음을 받았던 다윗이, 갑자기 닥쳐온 환난으로 가정마저 깨진 채 이리저리 헤맬 뿐 아니라 생명을 부지하기 위해 미친 사람처럼 침을 질질 흘리며 성문 앞에서 소변을 누며 자신의 본모습을 감추고 있습니다. 만일 우리가 이런 다윗의 입장이라면 어떨까 생각하면서 이 시를 읽어 보십시오.

이 시편에서 사용되는 단어들을 퍼즐을 맞추기 전의 조각처럼 펼쳐 보았습니다. 시인이 처한 상황은 실로 비참 그 자체인데 그가 사용하는 언어들은 상당히 희망적입니다. 어려운 상황에서 불끈 솟아나는, 그분께 대한 변함없는 신뢰가 돋보입니다. 히브리어의 자음들을 가지런히 순서대로 배열할 뿐 아니라 같은 의미의 다른 단어들을 대칭 구조를 이용해 시를 짓는 것을 보면 다윗은, 아니 그의 하나님은 정말 탁월한 시인이십니다.

영국인들은 같은 영어를 써도 명문가 사람들이 사용하는 용어와 그렇지 않은 사람들의 용어가 품격이 다르다는 이야기를 심심치 않게 합니다. 가난한 사람들은 배우지 못했기 때문에 사용하는 언어도 저속하고 은어를 많이 사용한다는 편견을 가진 사람들이 우리 중에 있을지 모릅니다. 그러나 다윗의 경우 가난하고 곤란한 처지였지만 마치 광야 돌 틈에 힘겹게 서 있는 꽃처럼 세련되고 우아한 향기를 가진 고급 언어들을 사용함을 보게 됩니다.

우선, 시인의 처지를 살펴보겠습니다.

시인은 본인이 가난하며 עָנִי(오니, 6절) 두려운 상황에 처해 있다고 말하고 있습니다. '내 모든 두려움'מְגוּרוֹתַי(메구롯타이, 4절)이라는 단어는 참으로 난감한 상황을 나타내는 표현인 '그의 모든 환난'צָרוֹתָיו(짜롯타브, 6절)과 병행을 이루면서 시인의 입장을 설명합니다. 또한 가난함으로 인해 '마음이 상해 있고'נִשְׁבְּרֵי־לֵב(니슈베레이 렙, 19절) '영이 눌릴 때'דַּכְּאֵי־רוּחַ(다크에이 루아흐, 19절)가 많음을 고백합니다.

하지만 시인은 처참하리만큼 어려운 상황에서 마치 깜깜한 밤하늘이 별빛을 더 빛나게 해 주듯이 보석 같은 신앙을 하나님을 향해 보이고 있습니다.

"내 입으로 주를 찬송하고 항상 여호와를 송축하며, 혀와 입술로는 악한 말을 금하고……오히려 마음 상한 자와 함께하시며 영이 눌린 자를 구원해 주시는 주님을 바라보고 있습니다(1, 13, 18절).

"이 곤고한 자가 부르짖으매 여호와께서 들으시고 그의 모든 환난에서 구원하셨도다"(6절).

시인은 곤고한 중에도 선을 행하며 평강을 구하는 삶을 살고 있습니다.

"악을 버리고 선을 행하며 화평을 찾아 따를지어다"(14절).

가난하면 불평하기 쉬우련만 시인은 오히려 어려운 상황에서 믿음

으로 주님을 노래합니다. 가난함에도 온유함을 유지하며, 한 걸음 더
나아가 거룩함과 의로움을 지키는 모습에서 큰 은혜를 받습니다.

이 가난한 자가 부르짖으매 여호와께서 들으셨고

זֶה עָנִי קָרָא וַיהֹוָה שָׁמֵעַ(제 오니 카라 바 아도나이 샤메아, 시 34:7).

나의 도움이시여 일어나소서

시편 35편

1. 여호와는 나의 구원이십니다 시 35:1-10

여호와여 나와 다투는 자와 다투시고 나와 싸우는 자와 싸우소서 방패와 손 방
패를 잡으시고 일어나 나를 도우소서 창을 빼사 나를 쫓는 자의 길을 막으시고
또 내 영혼에게 나는 네 구원이라 이르소서 (1-3절).

중세 주석가인 랍비 이샤야후 마타라니는 시편 35편의 정황을 이렇
게 설명합니다.

"다윗이 까닭 없이 사울의 미움을 받고 살해 위협을 피하기 위해 놉
으로 도망하던 때에 지은 시."

다윗이 사울을 염두에 두고 지은 시라는 가정을 받아들이면서 읽어

보면 더 큰 아픔이 배어나옵니다. 다윗을 그토록 미워하는 사람인 사울 왕과 그를 따르는 무리들에 대해 본문은 아주 구체적으로 묘사하고 있습니다.

'나와 다투는 사람들' יְרִיבַי(예리바이, 1절).

'나와 싸우는 사람들' לֹחֲמָי(로하마이, 1절).

'나를 쫓아오는 사람들' רֹדְפָי(로드파이, 3절).

'나의 재앙을 추구하는 사람들' מְבַקְשֵׁי נַפְשִׁי(메바크쉐이 나프쉬, 4절).

'공연히 함정의 그물을 치는 사람들' שִׁחַת רִשְׁתָּם חִנָּם(샤핫 리쉬탐 히남, 7절).

'빈정거리기를 좋아하는 세속적인 사람들' חַנְפֵי לַעֲגֵי מָעוֹג(한페이 라아게이 마오그, 16절).

'거짓을 일삼는 대적들' אֹיְבַי שֶׁקֶר(오예바이 쉐케르, 19절).

'헛되이 미워하는 사람들' שֹׂנְאַי חִנָּם(쏜아이 히남, 19절).

'나의 재앙을 기뻐하는 사람들' שְׂמֵחֵי רָעָתִי(쓰메헤이 라아티, 26절).

블레셋의 장군 골리앗이 큰소리치며 이스라엘의 하나님을 모독할 때 벌벌 떨며 그 앞에 마주 설 용기조차 없던 사울 왕은, 목숨 걸고 자신의 왕조를 지켜 주고 명예를 회복시켜 준 은인 다윗을 죽이려고 날뜁니다. 다윗은 정말 억울할 수밖에 없었고 언제 끝날지 모르는 도망자 신세를 원망하며 복수의 칼날을 세울 수도 있었지만 오히려 이런 상황에서도 신앙인이 취해야 할 모습을 잘 보여 주고 있습니다.

첫째, 다윗은 하나님의 도움을 호소합니다.

"방패와 손 방패를 잡으시고 일어나 나를 도우소서"(2절).

둘째, 주님의 구원을 노래합니다.

"내 영혼이 여호와를 즐거워함이여 그의 구원을 기뻐하리로다"(9절).

셋째, 직접 싸우기보다는 의로운 재판장이신 하나님의 판결을 기대합니다.

"여호와 나의 하나님이여 주의 공의대로 나를 판단하사 그들이 나로 말미암아 기뻐하지 못하게 하소서"(24절).

목회를 하면서 배우는 것이 있습니다. 많이 참는 것입니다. 하고픈 말이 있어도 꾹 참고 인내하는 법을 배우고 있습니다.

답답한 일을 당하여도
사방에 욱여싸임을 겪어도
그냥 머물러 있으렵니다.
거름 됨이 없이
어떻게 옥토가 조성되며
찬 비바람 맞아 본 경험 없이
나무의 나이테가 굵어지겠습니까?

여호와여 주님 같으신 분이 누구이십니까?

יְהוָה מִי כָמוֹךָ(아도나이 미 카모카, 시 35:10).

2. 나의 주, 나의 하나님 시 35:11-28

나의 하나님, 나의 주여 떨치고 깨셔서 나를 공판하시며 나의 송사를 다스리소
서(23절).

어차피 치러야 할 싸움이라면 결코 물러설 수 없습니다. 물러선다고
우리의 대적도 물러서는 것은 아니기 때문입니다. 하지만 상대의 중무
장한 모습은 우리를 겁에 질리게 만듭니다. 더욱이 상대가 사자같이
우리의 뼈를 조각조각 내려고 달려들 때 우리는 담대하게 맞서 싸워야
합니다. 만일 싸울 힘이나 용기나 부족하다면 빨리, 아주 서둘러서 그
분의 개입을 간청해야 합니다.

시인 다윗과 동일한 심정으로 시편을 펴 들고 나의 기도로 삼고 위
안을 얻고 있습니다. 본문을 관찰해 보니 자주 사용되는 단어 하나가
눈에 들어옵니다. 히브리어 네페쉬שֶׁפֶנ는 한글로 번역하면 '영혼, 살아
있는 존재, 자아, 갈망, 식욕, 감정, 열정'이라는 뜻이고, 아랍어로는
'숨 쉬는 존재'란 뜻입니다. 아카드어 동사 '나파슈'는 '숨을 들이켜다'
의 뜻이며 명사 '나피슈투'의 의미는 '생명'입니다.

로뎀 나무 그늘 아래 누워 죽기를 간구했던 엘리야 선지자 생각이
요즘 많이 납니다. 오죽 답답했으면 죽기를 구하였을까? 생명 하나 얻
기가 이렇게 힘든 것일까? 사람을 사람 되게 만드는 목회의 '네페쉬
사역'이 이토록 긴 여정일까?

대적은 시인의 약점을 공격하며, 이를 갈며 낄낄거리면서 나의 기운

을 소진하게 만들고 있습니다(15-17절). 이럴 때 시인은 간절히 부르짖고 있습니다.

"여호와여……잠잠하지 마옵소서. 주여 나를 멀리하지 마옵소서. 일어나소서. 깨소서. 나의 송사를 심판하소서. 나의 대적에게 나의 하나님 되시며 나의 주가 되심을 알리소서. 그들로 하여금 기뻐하지 못하게 하시며 나를 삼킬 것이라고 말하지 못하게 하소서"(22-25절).

"오히려 나의 재앙을 기뻐하는 자들이 부끄러워 얼굴을 들지 못하게 하시고 나에게 입히려 들었던 치욕과 부끄러움의 의복을 그들이 걸쳐 입게 하소서"(26절).

"마침내 나의 의를 드러내시고 그것을 기뻐하는 사람들로 하여금 종에게 평강 주시는 주님을 크게 노래하며 기뻐하게 하소서"(27절).

"여호와여 나의 혀로 온종일 주님의 의로우심을 노래하며 주님을 찬송하게 하옵소서"(28절).

나는 너의 구원이니라 אני ישׁעתך(예수앗텍 아니, 시 35:3).

종의 노래

시편 36편

1. 여호와의 종 시 36:1-8

하나님이여 주의 인자하심이 어찌 그리 보배로우신지요 사람들이 주의 날개 그
늘 아래에 피하나이다 (7절).

시편 36편은 '여호와의 종이 부른 노래'입니다. 다윗을 일컬어 여호
와의 종이라고 부르는 것은 시편 18편의 제목을 제외하고는 구약에서
찾아볼 수가 없습니다. '여호와의 종'이라는 호칭은 모세에게만 주로
사용되었습니다(신 34:5, 수 1:1). 종이라고 번역된 히브리어 에베드עֶבֶד는
말 그대로 '종으로 섬긴다, 일한다'는 뜻에서 비롯됩니다. 보아스가 룻

을 만나 결혼하여 낳은 아들 오베드עבד는 현재분사로 '일한다'는 뜻입니다. 또 다른 뜻은 '예배한다'입니다. 성경이 이 단어를 사람에게 부여하기를 그토록 아끼는 이유는 그만큼 주님을 섬기고 예배한 사람이 드물었기 때문인 것 같습니다. 수많은 그리스도인들과 종들이 있지만 여호와의 종이라고 불릴 만한 사람은 누구인지 본문의 제목을 통해 생각해 봅니다. 하나님의 관점에서 과연 내가 여호와의 종이라고 불릴 수 있을까 생각해 보았습니다. 성경에 등장하는 수많은 사람들 중 여호와의 종으로 불렸던 단 두 사람, 모세와 다윗을 목회자로서의 삶의 모델로 삼고 싶습니다. 모세에게서는 여호와의 온 집의 사환으로서의 충성이, 다윗에게서는 여호와 보시기에 바른 중심의 모습이 불충한 종이 그려 가는 먼 그림입니다.

열방교회는 지중해 선교의 사명을 띠고 출범을 했습니다. 개척 초기에 우리가 늘 품고 기도하는 나라인 모로코에서 선교하는 유재연 선교사님이 주일 예배 때 오셔서 말씀을 전해 주신 적 있었습니다. '영적 출사표'라는 제목으로 설교하셨는데 큰 도전을 준 말씀은 "내 안에 계시는 예수 그리스도의 생명이 드러나기 위해선 '나'라는 껍질이 벗겨져야만 한다"는 것이었습니다. 이토록 자아가 깨지기 어려운 줄 몰랐습니다. 고비 때마다 예수님을 대안으로 내밀기보다는 자꾸 내가 가진 세상적인 것으로 난제를 돌파하려는 죄성이 나를 괴롭혔습니다. 어떤 때는 차라리 지식을 가르치는 일이 생명을 잉태하는 일보다 훨씬 쉽겠다 생각하여 중도 하차의 유혹을 받기도 했습니다. 물론 우리 주변에 생명을 잉태하듯 진리의 말씀을 전수하는 훌륭한 스승들이 계심을 인정합니다. 문제는 나 자신입니다. 생각보다 목회가 쉽지 않음을 느끼며 절망하기까지 했었습니다. 그러다가 만난 선교사님이 전해 주신, 내가 썩어야 내 안에 계신 예수님의 생명이 자랄 수 있다는 말씀은 실의에 빠진 내 영혼에 큰 위로와 청천벽력 같은 도전을 주었습니다.
'그래 다시 썩자.'

내면의 갈등에서 벗어나 주님께 향하는 길로 접어든 사람들에게 주시는 하나님의 복을 시인은 다음 네 가지로 노래하고 있습니다.

첫째, 하늘처럼 높으신 주의 인자하심을 힘입게 됩니다(5절 상).

둘째, 구름이 온 하늘을 뒤덮듯이 하나님의 성실하심을 알게 됩니다(5절 하). 히브리적 사유로 구름은 하나님이 내리실 복의 상징입니다. 구름은 비를 가져오고 메마른 광야를 적시기 때문입니다.

셋째, 에베레스트처럼 광대한 산과 같은 하나님의 의로우심을 대면하게 됩니다(6절 상).

넷째, 깊은 바다 속같이 심오한 주의 공의 앞에 서게 됩니다(6절 하).

하나님은 인자하심과 성실하심, 의와 공의로 인생을 구원하십니다. 그 구원하심에는 동물도 포함된다고 시인은 고백하는데 이 의미는 동물의 영적 구원이라기보다는 온 피조물에 대한 주님의 관심과 사랑을 나타내는 표현입니다.

하늘이 얼마나 높고 큰지는 비행기 타고 여행해 보면 금방 알 수가 있습니다. 하늘에 비하면 우리가 살고 있는 지구는 하나의 작은 촌락입니다. 하나님을 경외하는 자에게 베푸시는 주님의 인자하심은 하늘이 지구를 덮듯이 우리의 전 영혼을 감싸 안기에 충분합니다. 시인은 이렇게 고백합니다. "인생들과 신이 주의 날개 그늘 아래 피하리로다"(7절). 이 부분에서 '신'이라 표현한 엘로힘אֱלֹהִים(NIV 성경은 이 단어를 '높은 자'high로 번역)은 삼위일체 하나님을 뜻하지 않습니다. 이 세상의 여러 종교에서 신이라고 숭배되는 모든 것들마저 주님의 통치권 안에 있어야 한다는 의미입니다.

구름이 온 하늘을 뒤덮으면 소낙비가 쏟아져 온 땅을 적시듯이 하나님을 사랑하는 사람들은 주님이 쏟아 부으시는 그분의 성실하심에 흠뻑 젖을 수 있습니다. 시인은 주님이 제공하는 풍요를 예로 들어 주님의 성실하심을 노래합니다.

"그들이 주의 집에 있는 살진 것으로 풍족할 것이라. 주께서 주의 복락의 강물을 마시게 하시리이다"(8절).

한계 상황에 부딪힐 때마다 하늘같이 높으신 하나님의 인자하심을 생각해 봅니다. 앞이 막막할 때 성실로 온 하늘을 뒤덮고 계시는 하나님을 바라봅니다. 의와 공평으로 세상을 다스리시는 마라나타 주 예수 그리스도를 송축합니다. 할렐루야 아멘!

인생이 주의 날개 그늘 아래에 피하나이다

בְּנֵי אָדָם בְּצֵל כְּנָפֶיךָ יֶחֱסָיוּן(브네이 아담 베쩰 크나페이카 예혜싸윤, 시 36:7).

2. 주님을 만났습니까? 시 36:9-10

진실로 생명의 원천이 주께 있사오니 주의 빛 안에서 우리가 빛을 보리이다 주
를 아는 자들에게 주의 인자하심을 계속 베푸시며 마음이 정직한 자에게 주의
공의를 베푸소서 (9-10절).

영국에서 있었던 일입니다. 길바닥에 댕그라니 버려진 선인장을 주
워다가 화분에 심고 정성을 기울였더니 일 년 만에 화사한 꽃망울이
고개를 들었습니다. 녹차로 선인장의 목을 축여 주고 화단에서 썩힌
거름으로 식량 주고 사랑으로 정성껏 가꾸었더니 이내 보답하듯 꽃으
로 인사를 합니다. 현관에서 묵묵히 오랜 세월 견디어 꽃을 피운 선인
장을 거실로 옮겨 놓았습니다. 우리 인생도 하나님이 주워 키우시는
선인장이라는 생각이 들었습니다.

누군가 문을 두드립니다. 나가 보니 한 청년이 가방에 짐을 잔뜩 지
고는 물건을 팔아 달라고 부탁합니다. 추위에 얼굴과 몸이 잔뜩 언 모
습입니다. 들어와 몸 좀 녹이고 가라고 말하려다가 무엇을 파느냐고
물어보았습니다. 장갑, 행주, 세제, 생필품이 가득 든 가방을 보여 주
었습니다. "미안합니다. 돈이 없군요. 다음에 오실래요?" 하고 청년을
보내고 거실에 앉아 시편 읽는데 마음에 걸려 더 이상 묵상할 수 없었
습니다.

베드로의 말이 갑자기 생각났습니다.

"은과 금은 내게 없거니와 내게 있는 것으로 당신에게 줄 수 있답니
다."

'다음에 그 청년이 오면 꼭 이 말을 해 주어야지. 따뜻한 차 한 잔이라도 대접하며 언 몸을 녹여서 보내야지.'

순발력이 뒤떨어지는 자신이 후회되었습니다.

시인은 이런 고백을 하고 있습니다.

"주의 빛 안에서 우리가 빛을 보리이다"(9절).

햇볕이 따스하게 자신의 존재를 알리기 시작하자 정원에 얼어붙어 숨죽이던 잔디들이 짙은 연녹색의 얼굴을 내밀기 시작하는군요. 창가에 가능하면 많은 식물들을 갖다 놓았습니다. 주님의 따스한 빛이 필요한 계절이 돌아오면 더욱 주님이 그리워집니다. 그만큼 우리 주님에게는 따뜻함이 있기 때문이겠죠?

7절에서 시인은 여호와의 인자하심이 얼마나 고귀한지를 노래했습니다. 주의 날개 그늘과 주의 인자하심이 대구를 이루고 있습니다. 주의 인자하심을 경험한다는 것은 구체적으로 말해서 주님이 넓게 펴신 날개 그늘 아래서 피난한다는 뜻입니다. 시인은 하나님의 인자하심이 과거뿐 아니라 현재 그리고 미래에도 지속되기를 기도합니다. 시인은 자신을 일컬어 여호와를 아는 사람(요드예카 יֹדְעֶיךָ, 10절)이라고 말합니다. 여기서 안다는 것은 만났다는 뜻입니다. 하나님을 만났기에 주님의 인자하심을 경험했고 그 인자하심이 얼마나 고귀한지를 알았기에 더욱더 맛보아 알기를 간구하는 것입니다. 또한 시인은 자신을 일컬어 '마음이 곧은 정직한 사람'יִשְׁרֵי־לֵב(이슈레이 렙, 10절) 즉 마음이 바른 사람이라고 말합니다.

나를 시인과 견주어 보았습니다. "주님을 만났는가?"라는 질문엔 긍

정적인 대답이었지만 "현재도 주님을 만나는가?"라는 질문에는 "만나고 싶다"는 것이 나의 대답이었습니다. "그럼 왜 못 만나고 있는가?"라는 질문에는 "고민의 늪 때문"이 내 대답이었습니다. 다시 경험하고 싶습니다. 갈릴리에서 만나 뵈었던 그 주님을.

생명의 원천이 주께 있사오니 עִמְּךָ מְקוֹר חַיִּים (임카 메코르 하임, 시 36:9).

여호와를 바라라

시편 37편

여호와를 의뢰하고 선을 행하라 땅에 머무는 동안 그의 성실을 먹을거리로 삼을 지어다 또 여호와를 기뻐하라 그가 네 마음의 소원을 네게 이루어 주시리로다 네 길을 여호와께 맡기라 그를 의지하면 그가 이루시고 네 의를 빛같이 나타내시며 네 공의를 정오의 빛같이 하시리로다 여호와 앞에 잠잠하고 참고 기다리라 자기 길이 형통하며 악한 꾀를 이루는 자 때문에 불평하지 말지어다 (3-7절).

야구 경기장이나 축구 경기장에서 경기를 관람할 때 관중들은 기대감을 가지고 선수들을 주시합니다. 경기를 시원하게 풀어 나갈 때는 아낌없는 박수갈채를 보내지만 선수가 실수하거나 기대만큼 몫을 해내지 않을 땐 사정없는 야유를 보내기도 합니다. 우리의 삶은 세 가지 유형 중 하나입니다. 경기장에서 경기를 직접 뛰는 선수, 관람석에서 경기를 관망하는 관중, 아니면 대기석에 앉아 경기 참여를 기다리는 선수입니다. '저 선수 왜 저렇게 못하지? 내가 대신 뛴다면 좀더 잘할 수 있지 않을까?'

개척 교회 목사로 지낼 때 할 일이 많았으면 좋겠다는 생각에 사로

잡힐 때가 종종 있었습니다. 목회 현장뿐 아니라 성경에 나오는 등장
인물의 삶의 면면을 뜯어보면서 조목조목 비판해 보았지만 막상 선수
가 되어 보니 적나라한 내 모습이 다 드러나는 것을 매일 확인하고 있
습니다.

시편 37편은 영적 그라운드를 펼쳐 놓습니다. 한쪽 선수들의 유니
폼 등 번호로는 '악을 행하는 자'מְרֵעִים(메레임, 1절), '불의를 행하는 자'
עֹשֵׂי עַוְלָה(오쎄이 아블라, 1절), '범죄자'רָשָׁע(라샤, 12, 32절), '포악한 자'פֹּשְׁעִים(포
슈임, 38절)가 적혀 있습니다. 그들의 전술은 반칙인 '사악한 꾀'מְזִמּוֹת(메
지못, 7절), 사용하는 무기는 칼과 활(14절)이며 전략은 상대 선수를 도략
하는 것입니다(14, 32절).

이들과 맞서 싸우는 선수들의 등에는 '의인'이란 글자가 쓰여 있습
니다(16, 29절). 여기서 사용되는 히브리어 짜딕צַדִּיק은 본질에 있어서 의
인이 아니라 하나님 앞에서 경건한 삶을 사는 자를 의미합니다.

전반전의 승부는 10 대 0. 악인의 승리입니다(7절). 공이 네트를 가를
때마다 저쪽은 환호성을 질러 댑니다. 주눅이 든 의인들, 심판관을 바
라봅니다. "반칙이예요. 반칙!"

경기가 거의 끝나갈 것 같은데 종료 시각이 얼마 남지 않았어도 심
판관은 자리에서 요동도 하지 않습니다. 단지 몇 마디 하시는 말씀은
"조용하라"(7절), "조금 더 기다려라"(10절), "화내지도 질투하지도 마
라"(1, 7, 8절), "내가 어떤 일을 하는지 보기만 하라"(9, 34절).

경기가 끝났습니다. 대적은 신이 나서 승리의 축포를 쏘아 댑니다.

승리로 인한 언론 매체의 찬사를 받으며 상금으로 배를 불리고 무기를 더 사들입니다. 다음 경기에서 또 한 번 승리하기 위해서입니다.

패배한 의인들은 가난을 경험합니다. 결국 사회적으로 가장 가난한 계층인 '궁핍한 자'עָנִי וְאֶבְיוֹן(오니, 우 에브욘, 14절)로 전락합니다.

바로 이때, 심판관의 손과 입술이 움직이기 시작합니다.

두 번째 경기를 알리는 호루라기가 울렸습니다. 악인들은 준비한 무기들을 들고 지난번보다 더 무장하여 그라운드로 나옵니다. 의인들은 다시 주눅이 듭니다. "어찌 싸우지?" 그때 심판관의 음성이 다시 들려옵니다.

경기의 최종 결과는 내가 결정한다.

조금만 더 기다려라(10절).

내가 지켜보고 있으니 걱정 마라(13절).

누가 의로운지 손들어 줄 자는 나다(6절).

넌 나만 기뻐하고 힘들어 비틀거리더라도 나만 바라보아라(5절).

네가 할 일은 지혜를 말하며 입술로는 공의를 선언하며(30절),

선을 행하면서 성실하게 사는 것이다(3절).

때가 되면 너를 들어 온 열방을 차지하게 할 거란다(34절).

나는 결코 너를 버리지도 너의 패배를 선언하지도 않겠다(33절).

온전한 삶을 지키고 정직을 향해 시선을 고정시키렴(37절).

곤궁한 지금도 나는 너의 산성이며, 네 마지막은 평강이란다(39절).

잘 생각해 보아라. 지금까지 의인이 버림을 받았거나 그 자식들이 양식을 구하는 처지가 된 일이 있었는지를(25절).

시편 37편은 약속의 땅을 기업으로 받아 누리는 사람들을 네 가지로
구분하여 말씀합니다.

첫째, 여호와를 소망하는 자들입니다.

"주를 소망하는 자들은 땅을 차지하리로다"קֹוֵי יְהוָה הֵמָּה יִירְשׁוּ־אָרֶץ(코베
이 아도나이 헴마 이르슈 아레쯔, 9절).

히브리어로 소망한다는 뜻은 직선을 긋는 것입니다. 하나님을 향하
여 직선을 그으며 주님을 응시하는 사람들에게 주님은 땅을 기업으로
주신다고 약속하십니다.

둘째, 온유한 자들입니다.

"온유한 자들은 땅을 차지하며"עֲנָוִים יִירְשׁוּ־אָרֶץ(아나빔 이르슈 아레쯔, 11절).

모세는 광야 훈련을 거친 후 온유함이 지면에 가장 승하다는 칭찬을
받았습니다(민 12:3). 예수님도 산상수훈에서 온유한 자가 땅을 기업으
로 받아 누린다고 말씀하셨습니다.

셋째, 여호와께 복을 받은 자들입니다.

"주의 복을 받은 자들은 땅을 차지하고"מְבֹרָכָיו יִירְשׁוּ אָרֶץ(메보라카브 이르
슈 아레쯔, 22절).

땅을 기업으로 받아 누리려면 하나님께 먼저 복을 받아야 함을 강조
합니다. 히브리어 '메보락'은 '주님께 복을 받은 사람'을 의미합니다.

넷째, 의인입니다.

"의인이 땅을 차지함이여"צַדִּיקִים יִירְשׁוּ־אָרֶץ(짜디킴 이르슈 아레쯔, 29절).

시편에서 말씀하는 의인은 입술로 지혜를 말하며 혀로는 공의를 말
하고 마음속에는 여호와의 말씀이 있는 사람을 의미합니다. 지혜와 공

의 그리고 하나님의 말씀은 곧 그리스도입니다. 예수 그리스도를 소유
한 사람이 의인이라는 말씀입니다.

　시인은 악인의 성공과 형통에 마음을 빼앗기지 않습니다. 오히려 어
려운 상황에 놓여 있지만 하나님을 기뻐한다고 고백합니다. 여기서 사
용되는 히브리어 히트아낙הִתְעַנֵּג의 의미는 '부드러움과 정교함을 갖춘
즐거움'입니다. 주님과 부드럽고도 품위 있는 사귐을 가지라는 말이며
그 가운데 세상에서 맛볼 수 없는 기쁨이 있다는 뜻입니다. 무엇이 우
리를 가장 기쁘게 할 수 있을까 생각해 보았습니다. 경제적인 안정?
물론 아름다운 분위기에서 격조 높은 사람들과 교향악의 반주에 맞추
어 오후를 보낼 수도 있을 것입니다. 세상이 부러워하는 명예? 목회자
도 이 유혹에는 예외가 아닌 것 같습니다. 그러나 모든 것을 접고 주님
께 우리의 시선을 고정시켜 봅니다.

　어떤 분이실까?

　아름답기는 청옥 같고

　순결하기는 무지개 같고

　인자하기는 따스한 햇볕 같고

　풍성하기는 오곡백과 같으신

　여호와

　그분을 사랑하고

　그분을 즐거워하며

　그 땅에 머물면서 성실로 목양하세요.

여호와를 기뻐하세요.

당신의 마음 깊은 곳에 있는 간구를 허락하실 것입니다.

당신의 길을 여호와께 온전히 드리세요.

그분을 신뢰하면 주께서 행하실 것입니다.

당신의 의와 공의를 정오의 빛처럼 나오게 하실 것이기에

여호와 앞에서 조용히 계십시오.

그분을 기뻐하면서.

네 길을 여호와께 맡기라

גּוֹל עַל־יְהוָה דַּרְכֶּךָ (골 알 아도나이 다르케카, 시 37:5).

• 여기서 사용되는 히브리어 골 גּוֹל의 의미는 공을 던지듯이 문제를 굴려 보내라는 뜻입니다. 이제 공은 주님이 가지고 계십니다.

그리 아니하실지라도

시편 38편

> 내 생명을 찾는 자가 올무를 놓고 나를 해하려는 자가 괴악한 일을 말하여 종일
> 토록 음모를 꾸미오나 나는 못 듣는 자같이 듣지 아니하고 말 못하는 자같이
> 입을 열지 아니하오니 나는 듣지 못하는 자 같아서 내 입에는 반박할 말이 없나
> 이다 여호와여 내가 주를 바랐사오니 내 주 하나님이 내게 응답하시리이다
> (12-15절).

간절히 기도해 왔던 이현자 자매님의 소식을 메일로 받았습니다. 참
으로 안타깝게도 자매님의 장례식이 어제 있었다는 소식입니다. 두 아
들 장가 보낼 때까지만이라도 살아 주었으면 했는데, 친구인 화가 김
해근 형제의 긴긴밤의 추위와 어둠을 몰아낼 유일한 벗이요 아내이기
에 자매의 일어섬을 간절히 바라고 기도했습니다. 그러나 결과는 우리
의 소원과 정반대였습니다.

"하나님……."

그냥 멍하니 주님의 이름을 불러 보았습니다. 자매가 마지막 혼수상
태로의 먼 여행 채비 길에 조 목사에게 고마움을 전해 달라고 했다는

말에 더 마음이 괴로웠습니다. 지난가을 영국으로 다시 돌아와야 했기에 마지막 기도를 마친 후, 한번 안아 드려도 되겠습니까, 정중히 여쭌 뒤 주님의 사랑으로 자매를 안고 기도를 드린 것이 마지막이었습니다. 고맙다니요? 죄송할 뿐입니다.

그래도 현자 자매는 행복했던 분입니다. 해근 형제 같은 신실한 남편을 동반자로 18여 년 함께 살아왔으니, 마지막 길까지 남편의 배웅을 받으며 떠날 수 있었으니 그동안 참 잘 견뎌 준 영웅이었습니다. 이제 편히 쉬십시오. 고통도 눈물도 애절함도 없는 그분의 품에서.

시편 38편을 폈습니다. 처절한 절규가 눈에 들어옵니다. 사용하는 단어들마저 섬뜩합니다.

여호와여
주의 분노로 저를 범죄자라고
검사같이 징책하여 때리지 마옵소서.
주님의 활이 저를 향해 시위를 떠났고
손으로는 저를 누르고 계시오니
제 몸에 성한 곳 하나도 없이
뼈는 문드러져 무너져 내렸나이다.
옳으십니다.
이 모든 것이 제 범죄로 인함입니다.
제 죄악이 머리를 뒤덮고

무거운 짐을 지기에 곤비합니다.

어리석음으로 인해 넘어졌고 상처가 썩어 악취가 납니다.

구겨 비틀어진 종이처럼 밑바닥까지 내동댕이쳐져서

어두운 바람이 스며드는 길가에서 이리저리 떠다니고 있나이다.

다시 고백드리기는, 어리석음으로 멸시를 당하며

성령의 떠남으로 고깃덩어리 같은 제 몸은 상처투성이입니다.

게다가 마음 깊은 곳에서 우러나오는 신음을 발하려 해도

이미 벙어리 되고 부서져 그냥 울먹이고만 있습니다.

하지만 주님

그럴지라도 제 간절한 소망은 오직 주께 있사오니

주님을 향해 신음 소리 발함을 부디 외면치 말아 주옵소서.

심장이 벌렁거리고 몸이 축 늘어져

눈도 더 이상 초점을 맞출 수 없는데도

연인들과 친구들마저 나를 치러 일어서며

가까운 친척들도 멸시하여 일어서나이다.

설상가상으로 내게 재앙이 일어나기만을 학수고대하는 자들은

온종일 헛된 거짓말을 지껄여 대나이다.

저는 귀머거리라 더 이상 들을 수 없고

벙어리라 말할 수도 없습니다.

그러해도 오직 여호와만을 앙망하며

나의 하나님 나의 주께서 응답하실 것을 고대합니다.

여호와여 나를 버리지 마옵소서.

나의 하나님이시여 나를 멀리하지 마옵소서.

나의 도움이시여

속히 나를 도우소서.

주 나의 구원이시여.

속히 나를 도우소서 주 나의 구원이시여

חוּשָׁה לְעֶזְרָתִי אֲדֹנָי תְּשׁוּעָתִי (후샤 레에즈라티 아도나이 테슈아티, 시 38:22).

나그네가 읽는 시편

시편 39편

> 여호와여 나의 기도를 들으시며 나의 부르짖음에 귀를 기울이소서 내가 눈물
> 흘릴 때에 잠잠하지 마옵소서 나는 주와 함께 있는 나그네이며 나의 모든 조상
> 들처럼 떠도나이다 (12절).

대동강변에서 순교의 피를 흘렸던 토마스 목사님을 파송한 웨일스의 하노버 교회를 다녀왔습니다. 350년 된 교회였는데 현재는 10여 명의 교인만 남은 썰렁한 교회가 되어 있었습니다. 1904년 한 목사님의 회개가 작은 불꽃이 되어 시작된 웨일스 부흥운동, 희미한 촛불처럼 신앙의 명맥만 유지한 채 덩그러니 유적지가 되어 가는 교회터들을 바라보며 다시 한 번 성령의 강림을 고대해 봅니다.

시편 39편은 삶의 위기를 당할 때 읽는 시로 알려져 있습니다. 본문에 시인의 상황을 잘 말해 주는 몇 가지 표현들이 나옵니다.

첫째, 고통으로 몸부림치고 있습니다.

"나의 고통이 끓어오를 때" כָּאֵבִי נֶעְכָּר(케에비 네에카르, 3절).

둘째, 인생의 덧없음을 처절하게 느끼고 있습니다(5-6, 11절).

전도서의 주된 주제인 헛되고 헛되다는 표현이 이곳에 반복되고 있습니다. 히브리어 헤벨הֶבֶל의 원래 의미는 '수증기, 호흡'이며 '허무'로 번역됩니다. 창세기 4장의 아벨의 이름이 이런 뜻을 가지고 있습니다.

셋째, 주의 손에 매를 맞고 있습니다.

"주의 매를 내게서 거두소서. 죽을 지경입니다" הָסֵר מֵעָלַי נִגְעֶךָ אֲנִי כָלִיתִי (하쎄르 메알라이 니그에카 아니 칼리티, 10절).

즉 하나님이 나와 친구이기보다는 적처럼 느껴지는 상황에 처해 있는 것입니다.

넷째, 나그네 처지입니다.

"나의 모든 조상들이 나그네였던 것처럼 나는 나그네입니다"

גֵר אָנֹכִי עִמָּךְ תּוֹשָׁב כְּכָל-אֲבוֹתָי (게르 아노키 임막 토샵 케콜 아보타이, 12절).

나그네를 뜻하는 구약의 표현인 '게르와 토샵'을 자신에게 적용하고 있습니다. 이 용어는 시민권을 가지지 못한 채 외국 땅에서 살아가는 나그네라는 의미입니다. 참고로, 레위기 25장 23절에서는 이스라엘 백성 자체도 '게르와 토샵'임을 강조하고 있습니다. 여기서는 땅의 소유권이 주님이심을 인정할 때 우리는 나그네가 된다는 뜻입니다.

이렇게 시인은 고통과 위기를 겪고 있지만 자신의 상황에 머물러 있지 않고 돌파구를 향해 나아갑니다. 시인의 자세를 통해 교훈을 얻습니다.

첫째, 시인은 침묵하고 있습니다.

수없는 말보다 침묵이 더 효과적일 때가 있습니다. 불평의 말을 털어놓을 수도 있건만 시인은 입에 재갈을 물리며 침묵합니다(1-2절).

둘째, 시인은 주님께 자신의 삶의 한계를 인정합니다(4-5절).

"주님 제 날이 얼마나 짧은지를 알려 주옵소서!"

매를 드시는 하나님 앞에서 자신의 인생이 손바닥 넓이와 같음을 예로 들면서 주의 자비하심을 구합니다.

셋째, 시인은 소망을 주님께 두고 있습니다.

"얼마나 주님을 고대하는지요, 제 소망은 주께 있습니다"(7절).

넷째, 시인은 기도하면서 돌파구를 찾아 나아갑니다.

기도는 두 가지로 표현되는데 하나는 큰 소리로 아뢰는 기도요 다른 하나는 눈물의 기도입니다(12절).

힘들고 어려울 때 불평하기 쉽습니다. 하지만 본문을 통해 침묵을 배웁니다. 주께서 나의 대적이 되시는 느낌이 들 때 조용히 나의 한계 상황을 인정하며 주님의 인자하심에 호소합니다. 막막할 때 소망을 주께 둘 수 있습니다. 우리에게 눈물샘을 주시고 입을 열어 주셨기에 오늘도 기도할 수 있습니다.

내 입에 재갈을 먹이리라 אֶשְׁמְרָה לְפִי מַחְסוֹם(에슈메라 르피 마흐쏨, 시 40:1).

기다림의 은혜

시편 40편

내가 여호와를 기다리고 기다렸더니 귀를 기울이사 나의 부르짖음을 들으셨도
다 나를 기가 막힐 웅덩이와 수렁에서 끌어올리시고 내 발을 반석 위에 두사
내 걸음을 견고하게 하셨도다 새 노래 곧 우리 하나님께 올릴 찬송을 내 입에
두셨으니 많은 사람이 보고 두려워하여 여호와를 의지하리로다 (1-3절).

우리의 기다림은 확실한 근거를 가진 기다림입니다. 진흙 구덩이에 빠져 허우적거리며 도움의 손길을 기다리는 신세일지라도 기다림의 대상이 분명하다면 우리는 계속 기다릴 수 있습니다. 본문에서 시인이 처한 상황은 소용돌이치는 물웅덩이 שָׁאוֹן בּוֹר(보르 샤온)나 혹은 '진흙 구덩이' הַיָּוֵן טִיט(팃 하야벤) 속입니다(2절). 그는 자신이 가난하고 비천하다고 말합니다(17절). 혼자 힘으로는 도저히 헤어날 수 없는 난관 가운데서 시인은 놀라운 신앙 고백을 하고 있습니다.

첫째, 기다리고 기다리면 하나님께서 그를 향하여 부르짖는 소리를 들으실 것이라는 믿음을 고백합니다(1절).

둘째, 하나님이 우리를 많이 생각하신다는 사실을 고백합니다.

"당신께서 하신 일들이 얼마나 많은지요? 나의 하나님 여호와여 주님께서 우리에게 행하시는 놀라운 이적과 우리에 대한 수를 셀 수 없이 많은 생각에 감격하나이다"(5절).

셋째, 하나님의 소원을 깨닫게 되었다고 고백합니다(6절).

시인은 고난을 통해 하나님의 뜻을 알게 되었습니다. 하나님이 진정 원하시는 것은 예물의 가치가 높거나 종류가 많음에 있지 않고 예배자가 귀 기울여 주님을 향하는 데 있음을 비로소 깨닫습니다.

넷째, 하나님의 소원을 이루어 드리겠다고 고백합니다.

"나의 하나님이시여 주님의 소원을 이루어 드리는 것이 진정으로 제가 바라는 것이 되었습니다. 따라서 제 오장육부 속에 토라를 간직하였나이다"(8절).

다섯째, 구원의 노래를 부르겠다고 고백합니다.

많은 성도들 앞에서 하나님의 진실하심과 자비로우심과 의로우심을 새 노래로 노래하는 꿈을 꾸고 있습니다(3, 9-10절).

목회는 기다리는 법을 배우게 하는 것 같습니다. 열방교회에서 열네 번째 예배를 드릴 때쯤에는 시작 때의 배가 좀 넘은 20명이 나왔습니다. 하지만 텅 빈 교회당 구석구석을 보며 성도들이 더 왔으면 하는 바람이 간절했습니다. 안타까움으로 거름 주며 기다리지만 후대에 열매를 맛볼 수도 있기 때문에 때를 정하지는 않았습니다. 내가 누리지 못하더라도 기쁨이 넘쳤습니다. 목회의 여러 가지 난관에 봉착하면서 얻은 유익이 있습니다. 하늘 아버지의 기다리시는 마음을 헤아리기 시작했다는 것입니다.

여호와를 기다리고 기다렸더니

קַוֹּה קִוִּיתִי יְהוָה(카보 키비티 아도나이, 시40:1).

아멘 아멘

시편 41편

가난한 자를 보살피는 자에게 복이 있음이여 재앙의 날에 여호와께서 그를 건
지시리로다 여호와께서 그를 지키사 살게 하시리니 그가 이 세상에서 복을 받
을 것이라……내 원수가 나를 이기지 못하오니 주께서 나를 기뻐하시는 줄을
내가 알았나이다 주께서 나를 온전한 중에 붙드시고 영원히 주 앞에 세우시나
이다 이스라엘의 하나님 여호와를 영원부터 영원까지 송축할지로다 아멘 아멘
(1-2, 11-13절).

하루 종일 이삿짐을 싸면서 많은 교훈을 얻었습니다. 책을 묶으면서
정리하는데 갑자기 이런 생각이 들었습니다. '좋은 책이 의외로 많이
있구나! 그 많은 시간과 건강을 선물로 주셨는데 하나님의 말씀을 붙
들고 연구하는 일에 너무 불성실했구나!' 소중한 책들 위에 수북이 쌓
인 먼지는 내 영혼의 바로미터였습니다. 주님 앞에서 너무 부끄러웠습
니다. 주님을 모시는 것도 너무 불성실했습니다. 내가 가진 책만 다시
읽어도 많은 유익을 받거늘, 하물며 세상을 창조하신 능력의 주님을
모시면서도 풍랑으로 인해 좌절하고 쉽게 고뇌의 늪에 빠져 드는 불충
하고 무익한 종을 용서해 주십시오.

3년 동안 써 온 시편 묵상 노트 한 권을 시편 41편으로 마무리 짓고 있습니다. 시편 1편의 '복 있는 사람'(아슈레이)으로 시작된 3년간의 묵상 여정이 다시 '복 있는 사람'으로 마무리되는 것에 감격스러울 따름입니다. 하지만 주님 앞에 죄송한 것은, 복 있는 사람은 주님의 말씀을 주야로 묵상하는 것을 가장 큰 즐거움으로 사는 사람인데, 더 어려웠던 시절 주님 말씀 하나만 붙들고 살았던 순수함을 지금은 많이 잃어버렸다는 점입니다.

시편 41편 첫 절이 내 가슴을 두드렸습니다.

"가난하고 비천한 사람들을 염두에 두고 돌보는 사람들은 참 복되구나. 주님께서 재앙의 날에 그의 피난처가 되실 것이니"(1절).

1절에서 세 개의 단어가 유독 눈에 들어왔습니다.

첫째, 마쓰킬 מַשְׂכִּיל.

시편에 많이 등장하는 단어인데 뜻은 '형통케 된다'이며 단어 그대로 풀이해 보면 '지혜롭게 행한다'라는 의미가 있습니다. 또 다른 의미는 '타인을 배려할 줄 아는 마음을 가진다'입니다.

둘째, 달 דָּל.

의미는 '비천하고 가련한 신세에 놓인 사람'입니다.

셋째, 라아 רָעָה.

'재앙의 날'이라는 뜻입니다. 재앙의 날은 악한 날입니다.

좋은 날만 있었던 에덴과는 달리 실낙원의 많은 날들은 재앙의 연속입니다. 하지만 시인은 재앙의 날에 피난처가 있다고 노래합니다. 그 피난처는 하나님이 제공하시는데, 그 혜택을 누릴 수 있는 사람들은 바로 '가난하고 비천한 자들을 돌보는 자들'입니다(1절).

2절과 3절은 주님이 주시는 피난처를 구체적으로 풀어 말합니다.

지켜 주시며

살게 하시며

땅에서 행복한 자가 되게 하시며

대적들이 생명을 해하지 못하게 하시며

기진해 쓰러져 있을 때 양식을 공급하시며

치료의 은혜를 주신다.

시인은 하나님이 구해 주시는 사람을 이렇게 소개하고 있습니다.

첫째, 가난한 사람을 형통케 하는 사람입니다(1절).

"가난하고 비천한 자들을 형통케 하는 사람들은 복되도다. 내가 저희 환난 날에 저의 피난처가 될 것이다."

둘째, 죄를 고백하는 사람입니다(4절).

"여호와여 제가 감히 주께 아뢰옵기는 제 기도를 들어주옵소서! 제가 죄를 범하였사오니 제 생명을 거두지 말아 주옵소서."

셋째, 주께서 기뻐하시는 사람입니다(11절).

시인은 "주께서 나를 기뻐하심을 내가 알았나이다"라고 고백합니다.

넷째, 온전함 가운데 거하는 사람입니다(12절).

"제가 저의 온전함 가운데 행하였사오니 저를 붙들어 주옵소서!"

여기서 '온전함'을 뜻하는 히브리어는 탐 תֹּם입니다.

오 하나님,

주님 앞에 서는 날까지 '탐'의 삶을 살았으면 좋겠습니다.

노아처럼

야곱처럼

욥처럼

주 앞에서 온전한 삶을 살게 하여 주옵소서!

이스라엘의 하나님 여호와는 영원부터 영원까지 복되시도다

בָּרוּךְ יְהוָה אֱלֹהֵי יִשְׂרָאֵל מֵהָעוֹלָם וְעַד הָעוֹלָם (바룩 아도나이 엘로헤이 이스라엘

메하올람 베아드 하올람, 시 41:13).

시편으로 고백하는 하나님 사랑
Loving God Confessed by the Books of Psalms

지은이 조성욱
펴낸곳 주식회사 홍성사
펴낸이 정애주
국효숙 김의연 박혜란 송민규 오민택 임영주 차길환

2008. 4. 30. 초판 발행   2025. 7. 21. 11쇄 발행

등록번호 제1-499호 1977. 8. 1.
주소 (04084) 서울시 마포구 양화진4길 3
전화 02) 333-5161   팩스 02) 333-5165
홈페이지 hongsungsa.com   이메일 hsbooks@hongsungsa.com
페이스북 facebook.com/hongsungsa
양화진책방 02) 333-5161

ISBN 978-89-365-0781-7 (03230)